utb 6092

Eine Arbeitsgemeinschaft der Verlage

Brill | Schöningh – Fink · Paderborn
Brill | Vandenhoeck & Ruprecht · Göttingen – Böhlau · Wien · Köln
Verlag Barbara Budrich · Opladen · Toronto
facultas · Wien
Haupt Verlag · Bern
Verlag Julius Klinkhardt · Bad Heilbrunn
Mohr Siebeck · Tübingen
Narr Francke Attempto Verlag – expert verlag · Tübingen
Psychiatrie Verlag · Köln
Ernst Reinhardt Verlag · München
transcript Verlag · Bielefeld
Verlag Eugen Ulmer · Stuttgart
UVK Verlag · München
Waxmann · Münster · New York
wbv Publikation · Bielefeld
Wochenschau Verlag · Frankfurt am Main

#fragdocheinfach
Alle Bände der Reihe finden Sie am Ende des Buches.

Dr. Annegret Braun ist freiberufliche Kulturwissenschaftlerin und Lehrbeauftragte am Institut für Empirische Kulturwissenschaft und Europäische Ethnologie an der Ludwig-Maximilians-Universität München. Eines ihrer vielfältigen Forschungsthemen ist Glück.

Annegret Braun

Glück? Frag doch einfach!

Klare Antworten aus erster Hand

UVK Verlag · München

Umschlagabbildung und Kapiteleinstiegsseiten: © bgblue – iStock
Abbildungen im Innenteil: Figur, Lupe, Glühbirne: © Die Illustrationsagentur

Bibliografische Information der Deutschen Nationalbibliothek
Die Deutsche Nationalbibliothek verzeichnet diese Publikation in der Deutschen Nationalbibliografie; detaillierte bibliografische Daten sind im Internet über http://dnb.dnb.de abrufbar.

DOI: https://doi.org/10.36198/9783838560922

– ein Unternehmen der Narr Francke Attempto Verlag GmbH + Co. KG
Dischingerweg 5 · D-72070 Tübingen

Internet: www.narr.de
eMail: info@narr.de

Einbandgestaltung: siegel konzeption | gestaltung
CPI books GmbH, Leck

utb-Nr. 6092
ISBN 978-3-8252-6092-7 (Print)
ISBN 978-3-8385-6092-2 (ePDF)
ISBN 978-3-8463-6092-7 (ePub)

Alle Fragen im Überblick

Vorwort

Das Thema Glück hat in den vergangenen Jahren eine enorme Beachtung erlangt. Es ist allgegenwärtig und zeigt sich in unzähligen Glücksratgebern, Glückscoaches, Glücksseminaren, Glückswebsites und Glückszeitschriften. Die Suche nach Glück beschränkt sich nicht nur auf eine Verbesserung des privaten Lebens, sondern es ist auch eine Zielgröße, die in Politik, Wirtschaft, Forschung, Arbeitswelt und Schule einen immer größeren Einfluss nimmt. Glück hat das private und öffentliche Leben so durchdrungen, dass man an diesem Thema nicht mehr vorbeikommt. Der Fokus auf Glück hat unsere Vorstellung über die Welt und wie wir sie deuten, tiefgreifend verändert. Auch die sozialen Medien prägen unser Glücksverständnis. Glücklich zu sein ist nicht nur eine menschliche Sehnsucht, sondern zu einem sozialen Zwang geworden. Umso wichtiger ist es, sich mit dem Glück und der Glücksforschung kritisch zu befassen.

Als Kulturwissenschaftlerin interessiert mich vor allem die Frage, warum Glück in unserer Kultur eine so hohe Bedeutung bekommen hat und welche Auswirkungen dies auf unsere Gesellschaft hat. Um den Begriff Glück näher definieren zu können und zu verstehen, was Glück für den Einzelnen bedeutet, habe ich zusammen mit Studierenden eine Studie durchgeführt. Wir haben mehr als 700 Menschen gefragt, was sie unter Glück verstehen und sie gebeten, uns ein Glückserlebnis zu erzählen, um es zu veranschaulichen.

Dieses Buch gibt einen Überblick über die Glücksforschung. Es kann Glück aber nicht umfassend erklären, sondern versteht sich mehr als eine Annäherung an das Thema Glück und die Glücksforschung. Das Buch soll zeigen, mit welchen Themen sich die Glücksforschung befasst und wie sie vorgeht. Gleichzeitig soll der hohe Stellenwert von Glück in unserer Gesellschaft und der Umgang mit Glück kritisch betrachtet werden. Das Buch soll dazu ermuntern, den vielen Erkenntnissen und Ratschlägen über Glück skeptisch zu begegnen und vor allem zu hinterfragen, ob die Fokussierung auf das Glück uns mehr schadet als nützt. Hinter der Suche nach Glück steckt letztlich die Suche nach Lebenssinn. Und den findet man, wenn man das Leben in seiner ganzen Fülle annimmt und nicht dem Phantom „Dauerglück" nachjagt.

Was die verwendeten Symbole bedeuten

Toni verrät spannende Literaturtipps, ▶ Videos und Blogs im World Wide Web.

Die Glühbirne zeigt eine Schlüsselfrage an, deren Antwort unbedingt lesenswert ist.

Die Lupe weist auf eine Expert:innenfrage hin. Hier geht die Antwort ziemlich in die Tiefe. Sie richtet sich an alle, die es ganz genau wissen wollen.

Wichtige Begriffe sind mit einem Pfeil gekennzeichnet und werden im Glossar erklärt.

Zahlen und Fakten über Glück

Glücksformel nach Sonja Lyubomirsky

50 % der Glücksfähigkeit sind genetisch bedingt, 10 % werden von den Lebensumständen beeinflusst und 40 % liegen in unserer Hand.

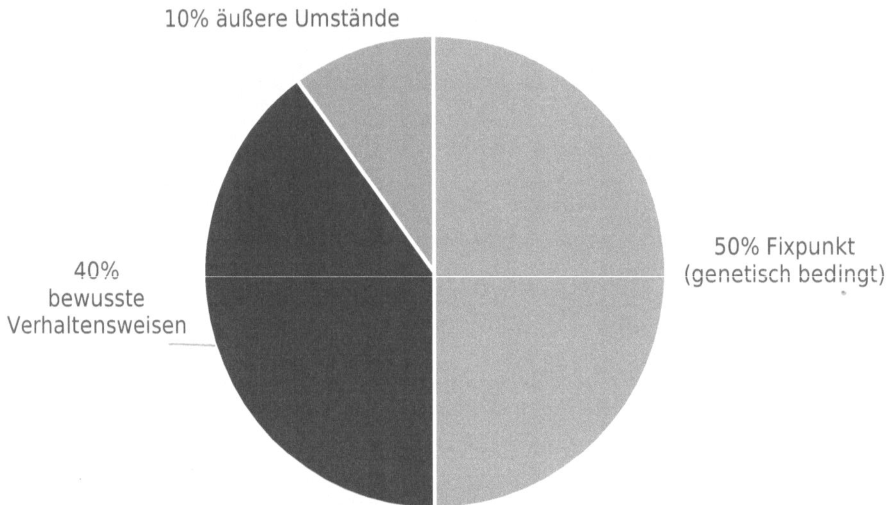

Einflussfaktoren des Subjektiven Wohlbefindens nach Philipp Mayring

Die Frage nach der Machbarkeit von Glück lässt sich nicht endgültig beantworten. Die Grafik zeigt Faktoren, aus denen sich Strategien für Subjektives Wohlbefinden ableiten lassen.

"Viele Menschen versäumen das kleine Glück, während sie auf das große vergebens warten."
Pearl S. Buck, Schriftstellerin (1892–1973)

Stimmen zum Glück

"Ein jeder hat seine eigene Art, glücklich zu sein, und niemand darf verlangen, dass man es in der seinigen sein soll."
Heinrich von Kleist, Dramatiker (1777–1811)

"Wenn man glücklich ist, soll man nicht noch glücklicher sein wollen."
Theodor Fontane, Schriftsteller (1819–1898)

"Glück ist das Einzige, was wir anderen geben können, ohne es selbst zu haben."
Carmen Sylva, Schriftstellerin (1843–1916)

Quellen: Glücksformel: eigene Darstellung nach Lyubomirsky (2008), S. 31; Einflussfaktoren: eigene Darstellung nach Mayring/Rath (2013), S. 90; alle Zitate zitiert nach Hoffmann, Solvejg, https://www.geo.de/geolino/wissen/21000-rtkl-glueckszitate-die-schoensten-zitate-ueber-glueck

Aktuelles Beispiel: Das Dilemma der Glücksforschung

Der Harvard Professor Tal Ben-Shahar forscht über → Positive Psychologie und Glück und hat zahlreiche Bestseller geschrieben. Er war einer der ersten, der die Glücksforschung als Lehrveranstaltung an der Universität anbot. An seinem Seminar über → Positive Psychologie nahmen acht Studenten und Studentinnen teil, zwei davon stiegen nach kurzer Zeit wieder aus. Das war nicht sehr ermutigend. Auf Anraten seines Mentors bot er jedoch im darauffolgenden Jahr eine öffentliche Vorlesungsreihe an. In diese schrieben sich 380 Studenten und Studentinnen ein, ein Jahr später waren es bereits 855 Studierende, die seine Vorlesungen besuchten (Ben-Shahar 2010, Vorwort). Damit war sein Kurs der größte in Harvard, so dass auch die Medien auf ihn aufmerksam wurden. Mit dem Thema Glück hatte Tal Ben-Shahar den Nerv der Zeit getroffen. Die Journalist:innen waren erstaunt, dass die Vorlesungen über Positive Psychologie mehr Zulauf fanden als die Einführungsvorlesung für Ökonomie, erzählt er in einem Vortrag (Ben-Shahar 2013). Als Tal Ben-Shahar zu Interviews in Fernsehen, Radio und Zeitungen eingeladen wurde, bemerkten die Journalist:innen immer wieder erstaunt: „Ich hatte Sie mir anders vorgestellt." Auf die Nachfrage von Tal Ben-Shahar, wie sie ihn sich denn vorgestellt hätten, kam dann die Antwort: „Extrovertierter, offener." Ein Glücksforscher muss offenbar selbst vor Glück und Selbstbewusstsein strotzen, ein schüchterner Glücksforscher passt nicht ins Bild. Tal Ben-Shahar erklärt, diese Vorstellung entstehe dadurch, dass man sich auf den Lehrenden konzentriert und nicht auf die Lehre selbst.

In seinem Vortrag erzählt Tal Ben-Shahar auch über ein fatales Missverständnis, das ihm zu Beginn seines ersten Seminars über Positive Psychologie begegnete. Ein Student sprach ihn auf sein Seminar über Glücksforschung an. Seine zwei Zimmergenossen würden daran teilnehmen. Und da es zwei von den sechs Studierenden waren, bemühte sich Tal Ben-Shahar, besonders nett zu sein. Der Student sagte: „Sie werden in Zukunft vorsichtig sein müssen! Ich werde Sie beobachten!" „Warum?", fragte Tal Ben-Shahar. „Weil, wenn ich Sie unglücklich sehe, werde ich es den beiden sagen!" Für den Studenten war die Lehre über Glück nur dann glaubwürdig, wenn es auch beim Dozenten sichtbar war. Tal Ben-Shahar nahm diese Begebenheit zum Anlass, seine Studierenden auf eine fatale Fehlannahme hinzuweisen. Er stellte in seinem Seminar klar: „Das Letzte, was ich möchte, ist, dass Sie denken, ich befinde mich auf einem konstant hohen Glückslevel. Erwarten Sie nicht, dass Sie am Ende des Semesters das Dauerglück erreicht haben. Es gibt nur zwei Personengruppen, die Traurigkeit, Ärger, Schmerz oder Neid nicht empfinden. Und das sind Psychopaten und Tote. Dass Sie all diese schmerzhaften Emotionen erleben, ist ein gutes Zeichen. Es zeigt, Sie sind lebendig!"

Tal Ben-Shahar kritisiert, dass in unserer Gesellschaft viele denken, mit ihnen sei etwas nicht in Ordnung, wenn sie negative Gefühle erleben. Doch wenn wir uns nicht erlauben, Gefühle wie Ärger, Wut, Neid zu empfinden, dann können wir auch keine positiven Gefühle wie Glück empfinden. Alle Gefühle gehen durch denselben Kanal. Hinzu kommt: Wenn wir den Kanal unterbrechen und die negativen Gefühle nicht zulassen, verstärken sie sich und werden intensiver. Man sollte sich nicht wegen seiner negativen Gefühle verurteilen, sondern sie als Teil des Menschseins akzeptieren – als ein breites Spektrum der menschlichen Emotionen. Tal Ben-Shahar betont: „Geben Sie sich und anderen die Erlaubnis, ein Mensch zu sein!" Die positive Akzeptanz der ganzen Gefühlspalette ist der Schlüssel zu einem erfüllten Leben.

Tal Ben-Shahar hat inzwischen viele Bücher über seine Forschungen geschrieben. Der Grundtenor dieser Bücher ist: Wie wird man glücklich? In Deutschland wurde sein Buch mit dem Titel „Glücklicher: Lebensfreude, Vergnügen und Sinn finden mit dem populärsten Dozenten an der Harvard University" ein Bestseller. Darin geht es um konkrete Handlungsschritte, um mehr Glück zu erlangen. Dass dies möglich ist, unterstreicht er mit seiner eigenen Erfahrung, wonach er am eigenen Leib erlebt habe, glücklich zu werden. Kritische Töne, dass auch negative Gefühle zum Leben gehören, findet man kaum.

Inzwischen gibt es eine Vielzahl an Glücksforschern und einige wenige Glücksforscherinnen. Die meisten der international bekannten Wissenschaftler:innen forschen in den USA. In den zahlreichen Publikationen geht es vor allem darum, wie man glücklicher wird. Dieser einseitige Fokus lässt andere Gefühle völlig in den Hintergrund treten. Nur das Glück steht im Mittelpunkt des Interesses, nur die eine Frage, wie man es erreicht, glücklich zu werden und wie man negative Gefühle überwindet. Dadurch entsteht genau das, was Tal Ben-Shahar kritisiert, nämlich dass Menschen denken, irgendetwas sei nicht in Ordnung mit ihnen, wenn sie negative Gefühle empfinden. In dem steten Bemühen, das Glück zu erreichen, werden negative Gefühle verdrängt und dadurch verstärkt. Das Dilemma tritt deutlich zutage: Der heutige Fokus auf das Glück macht es schwer, Glück zu erreichen.

Tal Ben-Shahar schreibt, dass die Anzahl der Depressionen heute zehnmal so hoch ist, wie in den 1960er Jahren (Ben-Shahar 2010, Vorwort). Auch das Glücksempfinden in der Bevölkerung sei gesunken. 1957 gaben 52 Prozent der Briten an, sehr glücklich zu sein, 2005 waren es 36 Prozent. Die Zunahme von Depressionen sei der Grund, dass das Thema Glück heute eine so hohe Bedeutung erlangt hat. Doch könnte es nicht genau umgekehrt sein? Könnte es nicht sein, dass die Konzentration auf Glück eine negative Spirale in Gang gesetzt hat? Je mehr wir dem Glück nachjagen und je mehr wir versuchen, negativen Gefühlen zu entkommen, umso unglücklicher werden wir. Es ist deshalb notwendig, der Glücksforschung kritisch gegenüberzustehen.

Die Glücksforschung ist in einem Dilemma. Einerseits konzentriert sich ihr Erkenntnisinteresse auf die Faktoren, die glücksfördernd sind. Negative Gefühle sollen mittels der Erkenntnisse der Positiven Psychologie überwunden werden. Andererseits erhöhen die Glücksforschung und die Wissenschaftler:innen dadurch den Druck, etwas für sein Glück zu tun, indem sie schlussfolgern: Jeder kann glücklich werden. Wem dies trotz Anstrengung nicht gelingt, ist also nicht nur unglücklich, sondern auch noch selbst schuld daran.

Dieses Dilemma ist nicht einfach aufzulösen, denn die Sehnsucht, glücklich zu sein, ist ein tiefsitzendes menschliches Bedürfnis. Das, was wir in unserem Leben anstreben oder die Entscheidungen, die wir treffen, sind von der Suche nach Glück motiviert: Den Beruf, den wir ergreifen, den Partner, den wir wählen – oder von dem wir uns trennen –, ob wir Kinder haben möchten oder nicht, wie wir unsere Freizeit gestalten, das alles soll dazu führen, glücklich zu werden. Dass wir glücklich sein möchten, steckt in uns, doch heute hat dieses Bedürfnis eine große Dominanz erlangt und stellt alle anderen Emotionen in den Schatten. Vom Zwang, glücklich zu sein, warnen Psycholog:innen heute. Im Zuge dieser Entwicklung hat sich ein großer Glücksmarkt entwickelt, auf dem sich auch schwarze Schafe tummeln. Die Beschäftigung mit Glück ist sehr ideologieanfällig. Viele Versprechungen und der gesellschaftliche Druck, glücklich zu sein, führen Glückssuchende in Lebenskrisen. Es ist eine neue Herausforderung, sich dem Glückszwang zu entziehen und das ganze Spektrum der Emotionen als Teil des Menschseins anzunehmen.

Linktipp | Prof. Dr. Tal Ben-Shahar, Dozent an der Harvard Universität in Cambridge, USA, forscht über Positive Psychologie und Glück. In diesem Vortrag erzählt er, wie er zur Forschung über Positive Psychologie kam. Er stellt wesentliche Erkenntnisse der Glücksforschung dar und erwähnt dabei auch, wie die Glücksforschung sein Leben beeinflusst hat: https://www.youtube.com/watch?v=OxsPl2WClHg&t=99s

Glück – Definitionen, Messmethoden, Forschungsstand

Jeder weiß, wie es sich anfühlt, glücklich zu sein. Aber kann man es auch erklären? Gibt es eine Definition? Und wie kann man Glück erforschen? Diese einfachen Fragen sind komplexer, als sie erscheinen. In diesem Kapitel werden Antworten darauf gegeben, was Glück ist, und gezeigt, warum Glück so widersprüchlich ist.

Was ist Glück?

Für Glück gibt es keine eindeutige Definition. Die verschiedenen Definitionsversuche sind widersprüchlich, eine klare Begriffsbestimmung gibt es nicht. Dazu ist Glück zu vielschichtig. So wird zum Beispiel zwischen Zufallsglück und Wohlfühlglück unterschieden. Doch wo ist die Abgrenzung zu Freude und Zufriedenheit? Darauf wird in den nächsten Fragen eingegangen.

Das Wort Glück tritt erst spät auf und ist seit dem 14. Jahrhundert im deutschen Sprachraum bezeugt. Die Herkunft des Wortes ist unsicher. Das Deutsche Wörterbuch von Jacob und Wilhelm Grimm listet eine Vielzahl von Erklärungsansätzen auf (Deutsches Wörterbuch von Jacob und Wilhelm Grimm, Stichwort Glück). Eine Deutung ist, dass sich Glück vom mittelhochdeutschen Gelücke ableitet. Gelücke meinte ursprünglich den zufälligen Ausgang einer Sache, der gut oder schlecht sein konnte. Jedoch wurde Glück überwiegend positiv verwendet, im Sinne eines günstigen Verlaufs.

Die Brockhaus Enzyklopädie beschreibt Glück „als komplexe Erfahrung der Freude angesichts der Erfüllung von Hoffnungen, Wünschen, Erwartungen, des Eintretens positiver Ereignisse, Eins-Sein des Menschen mit sich und dem von ihm Erlebten. Glück beinhaltet sowohl günstige Fügung der Geschehnisse, des Schicksals (Glück haben) als auch den Zustand des Wohlbefindens, der → Zufriedenheit mit dem eigenen Leben (glücklich sein)." (Brockhaus Enzyklopädie 1989).

Heute wird Glück ausschließlich mit positiven Emotionen in Verbindung gebracht. Im weitesten Sinne ist Glück die Vorstellung von einem guten Leben. Der niederländische Soziologe und Glücksforscher Ruut Veenhoven definiert Glück als das Maß oder Grad, in dem ein Mensch mit der Qualität seines eigenen Lebens insgesamt zufrieden ist (Veenhoven 2011, S. 397). In der heutigen Glücksforschung wird meistens der Begriff → Subjektives Wohlbefinden (engl. subjective well-being) verwendet.

Literaturtipp | Einen Überblick über die vielfältigen Erklärungsversuche, was Glück ist, gibt der Soziologe Alfred Bellebaum: Glück. Erscheinungsvielfalt und Bedeutungsreichtum. In: Alfred Bellebaum und Hettlage, Robert (Hg.): Glück hat viele Gesichter. Annäherungen an eine gekonnte Lebensführung. Wiesbaden: VS Verlag für Sozialwissenschaften 2010, S. 31–56.

Welche Ansätze gibt es, um Glück zu definieren?

Es gibt sehr viele verschiedene Ansätze, Glück zu definieren, zum Beispiel philosophische, theologische und psychologische Erklärungen. Auf diese wird in diesem Buch mehr eingegangen. Deshalb sollen hier nur einige wenige Definitionsansätze dargelegt werden.

Daniel Kahneman gliedert das subjektive Wohlbefinden in eine emotionale und eine kognitive Komponente: "Das Wohlbefinden, das Menschen erleben, während sie ihr Leben leben“ ist die emotionale Komponente (experienced well-being) und das „Urteil, das sie fällen, wenn sie ihr Leben bewerten" ist die kognitive Komponente (evaluated well-being) (Kahneman 2012, S. 487f).

Wie die Bezeichnung Subjektives Wohlbefinden zeigt, ist es aufgrund der Subjektivität schwierig, Glück in eine objektive Definition zu fassen. Deshalb gibt es Ansätze, Glück empirisch zu erheben und durch Befragungen subjektiv zu erfassen. Der Einfluss von historischen, gesellschaftlichen und kulturellen Aspekten bleibt jedoch bei diesem Definitionsansatz unberücksichtigt.

Um Glück zu definieren, hat die Psychologin Charlotte Bühler 1971 50 Personen nach Glücksdefinitionen befragt und ihre Antworten analysiert. Das Ergebnis sind drei Definitionselemente:

1. Glück als positive Beziehung zu sich selbst, Selbstvertrauen,
2. Glück als aktive, schöpferische Tätigkeit,
3. Glück als intensive, zwischenmenschliche Beziehung (Bühler 1971).

Der Psychologe Philipp Mayring hat 1990 in einem Fragebogen 66 Personen nach ihren Glücksdefinitionen befragt und ordnete die Ergebnisse in folgende Kategorien:

1. Erfüllende, zwischenmenschliche Beziehungen
2. Zufriedenheit mit dem Leben
3. Innere Ausgewogenheit, Selbstvertrauen
4. Freude, Spaß, Hochstimmung
5. Erfolg
6. Freiheit, Unabhängigkeit (Mayring und Rath 2013, S. 58)

Problematisch ist, so erklärt Mayring, dass diese Definitionsversuche nicht wirklich Glück definieren, sondern sich häufig auf Glücksfaktoren beziehen, also auf die Bedingungen des Glücks.

Da es für Menschen schwierig ist, Glück zu definieren, habe ich an der Ludwig-Maximilians-Universität in München einen anderen Zugang gewählt. Zusammen mit Studierenden eines kulturwissenschaftlichen Seminars wurden mehr als 700 Menschen gebeten, Glück anhand eines Glückserlebnisses zu definieren. Die verschiedenen Glückserlebnisse lassen sich in drei Kategorien gliedern: Euphorie (Glücksmoment), Freude und Zufriedenheit (Braun 2013). Auf diese Kategorisierung wird weiter unten eingegangen.

Welche Schwierigkeiten stellt die Kategorisierung von Glück dar?

Die Schwierigkeit liegt darin, eine eindeutige und abgrenzbare Begrifflichkeit zu finden, wie folgendes Beispiel zeigt: Philipp Mayring gliedert Glück bzw. Subjektives Wohlbefinden in vier Kategorien:
1. Belastungsfreiheit (ein Gefühl, über nichts klagen zu müssen)
2. Freuden (kurzandauernde positive Gefühle)
3. Glück (länger andauernder positiver Gefühlszustand)
4. Zufriedenheit (kognitive, positive Einschätzung der eigenen Lebenssituation) (Mayring und Rath 2013, S. 66f).

Doch diese Kategorisierung ist uneindeutig, weil → Belastungsfreiheit und → Zufriedenheit sehr ähnlich sind und oft in einer synonymen Weise verwendet werden. So antworten viele Menschen auf die Frage, wie es ihnen geht: „Ich bin zufrieden“ oder „Ich kann nicht klagen“ und meinen damit das gleiche. Auch der Begriff Glück ist missverständlich, weil → Subjektives Wohlbefinden häufig als Synonym für Glück verwendet wird. So steht Glück hier gleichzeitig als Ober- und als Unterbegriff. Als Unterbegriff wird Glück in diesem Modell als länger andauernder positiver Glückszustand beschrieben, doch viele Menschen verstehen unter Glück nur einen Glücksmoment. Auch bei der Verwendung des Begriffes → Freuden ist zu hinterfragen, ob es wirklich kurzandauernde positive Gefühle sind. Denkt man an Vorfreude auf den Urlaub oder auf Weihnachten, dann scheint es ein länger andauernder positiver Gefühlszustand zu sein.

Es zeigt sich, dass es sehr schwierig ist, Glück in einzelne, abgrenzbare Kategorien zu gliedern, zumal die Kategorien aus Begriffen bestehen, die in der Alltagssprache sehr unterschiedlich verwendet werden.

Was ist der Unterschied zwischen Zufallsglück und Wohlfühlglück?

Das Zufallsglück beschreibt etwas, das einem zufällt. Diese Form des Glücks entzieht sich der Machbarkeit des Menschen. Zufallsglück kann beispielsweise ein Lottogewinn oder eine besondere Begegnung sein. Dennoch entsteht das Zufallsglück nicht im luftleeren Raum, denn damit der Zufall eintreten kann, muss man erst die Voraussetzungen dazu schaffen. Um im Lotto zu gewinnen, muss man einen Lottoschein kaufen und für eine Zufallsbegegnung sollte man seine Wohnung verlassen. „Wesentlich am Zufallsglück ist seine Unverfügbarkeit; verfügbar ist lediglich die Haltung, die der Mensch einnehmen kann: Er kann sich öffnen oder verschließen für den Zufall einer Begegnung, einer Erfahrung, einer Information." (Schmid 2007, S. 13)

Das Wohlfühlglück beinhaltet angenehme Emotionen. Diese Form des Glücks hat man selbst in der Hand, suggerieren die zahlreichen Glücksratgeber. Wenn heute von Glück die Rede ist, wird meistens das Wohlfühlglück gemeint.

In vielen Sprachen wird begrifflich zwischen Zufallsglück und Wohlfühlglück unterschieden: Im Englischen gibt es luck und happiness, im Französischen chance und bonheur. Im Deutschen hingegen gibt es nur den einen Begriff Glück. Das ist erstaunlich angesichts der wortreichen deutschen Sprache, aber dadurch wird der enge Zusammenhang von Zufallsglück und Wohlfühlglück sichtbar. Das Wohlfühlglück ist ohne den Zufall nicht denkbar. Ob man sich glücklich fühlt, hängt von vielen Zufällen im Leben ab, z. B. welchen Arbeitsplatz man hat, wie das Wetter ist, in welcher Wohnung man lebt oder in welchem Land man geboren ist. Dennoch kann man für das Wohlfühlglück einiges tun, indem man sich schöne Momente schafft, zum Beispiel ein besonderes Essen genießt oder mit einer vertrauten Person Zeit zusammen verbringt. Das Wohlfühlglück ist ein angenehmes Gefühl, das man am liebsten festhalten oder dauerhaft erleben möchte. Doch ein Dauerglück gibt es nicht. Das Wohlfühlglück würde fad und nicht mehr spürbar werden. Wer jeden Tag sein Lieblingsessen verspeist, dem schmeckt es bald nicht mehr. Das Glück in einem Dauerwohlgefühl zu suchen, macht unglücklich. Auch das Wohlfühlglück braucht die Zeiten dazwischen, denn ohne die Kontrasterfahrung wird das Glück nicht erlebbar.

Literaturtipp | Der Philosoph Wilhelm Schmid zeigt die unterschiedliche Begrifflichkeit von Glück und stellt dar, warum Glück nur in seiner Vielfältigkeit und Gegensätzlichkeit erlebbar ist, was er das Glück der Fülle nennt: Schmid, Wilhelm: Glück. Alles, was Sie darüber wissen müssen, und warum es nicht das Wichtigste im Leben ist. Frankfurt a. M. und Leipzig: Insel 2007.

Was ist der Unterschied zwischen Euphorie (Glücksmoment), Freude und Zufriedenheit?

In unserer Studie haben wir Menschen Glück definieren lassen, indem sie ein Glückserlebnis erzählen. Dabei wurde deutlich, dass unter Glück Verschiedenes verstanden wird. Grob lässt sich das in drei Emotionen gliedern: → Euphorie (Glücksmoment), → Freude und → Zufriedenheit (Braun 2007).

Ein Glücksmoment ist ein Hochgefühl oder ein euphorisches Gefühl, das oft unvermittelt eintritt und nicht sehr lange anhält. Der Anlass lässt sich manchmal sehr klar bestimmen, so zum Beispiel, wenn man sich verliebt oder einen Preis gewonnen hat. Manchmal lässt sich die Ursache auch nicht genau bestimmen. In unserer Studie haben die Befragten von euphorischen Gefühlen erzählt, für die sie keine Erklärung hatten. So ein Glücksmoment kann beispielsweise durch eine besonders schöne Erinnerung ausgelöst werden oder durch eine Erwartung auf Zukünftiges. Dem Hochgefühl liegt oft ein Überraschungsmoment zugrunde und ist dadurch wenig beeinflussbar.

Das Gefühl der Freude sind positive Gefühle, die oftmals durch bestimmte Ereignisse hervorgerufen werden. Diese Ereignisse können zufällig ins Leben treten oder von den Menschen hergestellt werden. Bei unserer Befragung hat sich gezeigt, dass viele Menschen Freude bei einem guten Essen finden, bei Treffen mit Freunden oder bei einem Spaziergang in der Natur. Freude kann sich auch in Vorfreude ausdrücken.

Glück im Sinne von Zufriedenheit ist die Form, die in den Umfragen der Glücksforschung am meisten abgefragt wird. Sehr viele Studien basieren auf der Frage: „Alles in allem, wie glücklich schätzen Sie derzeit Ihr Leben auf einer Skala von 0 bis 10 ein?“ Zufriedenheit ist ein Gefühl, das durch die kognitive Bewertung der Lebenssituation resultiert. Werden die eigenen Lebensumstände überwiegend positiv bewertet, entsteht ein Gefühl der Zufriedenheit. Nicht die tatsächlichen Lebensumstände sind für die Zufriedenheit ausschlaggebend, sondern die eigene Bewertung. Zufriedenheit hängt also davon ab, ob man das Glas halbvoll oder halbleer sieht.

Diese Kategorisierung erfasst die Vielschichtigkeit von Glück nicht, aber sie ist ein hilfreiches Konstrukt, um die Streitfrage zu klären, ob Glück machbar ist oder nicht. Die Streitfrage entsteht dadurch, weil jeder unter Glück etwas anderes versteht und nicht näher definiert wird, was in der jeweiligen Diskussion mit Glück gemeint ist bzw. von welchem Glück man überhaupt spricht. Eine Differenzierung zeigt, welche Formen des Glücks beeinflussbar sind.

Mit welchem Glück beschäftigt sich die Glücksforschung?

In der heutigen Glücksforschung wird über das → Wohlfühlglück geforscht, selten über das → Zufallsglück. Der Fachbegriff, der in der Forschung verwendet wird, lautet → Subjektives Wohlbefinden bzw. subjective well-being. Die Begriffe Subjektives Wohlbefinden und Glück werden als Synonyme verwendet. Häufig werden jedoch in der Glücksforschung einfach die Begriffe Glück bzw. happiness verwendet. Die Begriffe Glück und happiness werden meist nicht differenziert. Bei den Forschungen sind selten → Euphorie oder Glücksmomente gemeint. In der Regel geht es um längerfristige positive Emotionen wie Zufriedenheit, die methodisch greifbarer sind als kurzfristige Glücksmomente. Der amerikanische Glücksforscher Mihaly Csikszentmihalyi hat in seinen Forschungen eine andere Kategorie von positiven Gefühlen herausgearbeitet, die er als →Flow bezeichnet. Dies wird in einer Frage weiter unten erläutert.

Problematisch ist, dass der Begriff Glück nicht differenziert wird. Durch die undifferenzierte Verwendung von Glück führen Diskussion zu Missverständnissen, so zum Beispiel in der Frage, inwieweit Glück beeinflussbar ist. Ein Glücksmoment ist nur schwer reproduzierbar, eine längerfristige Zufriedenheit hingegen schon.

Der Soziologieprofessor Martin Schröder verwendet in seinen Studien den Begriff Zufriedenheit und definiert damit konkreter seinen Forschungsgegenstand. Er argumentiert, dass Glück flüchtige Gefühle und deshalb schwieriger zu erforschen sind als Zufriedenheit.

Was bedeutet Eudaimonia?

Der griechische Begriff Eudaimonia bedeutet Glück, → Glückseligkeit, glückliche Lage. Ursprünglich bedeutete es, einen guten Dämon oder einen guten Geist in sich zu haben. → Eudaimonia beinhaltet ein umfassendes Glücksverständnis, das eine gelassene, geistige Haltung meint, zu dem sowohl Heiterkeit als auch Traurigkeit gehört. Der Philosoph Wilhelm Schmid übersetzt → Eudaimonia als „das Glück der Fülle“. Es steht im Gegensatz zum → Hedonismus, bei dem Lust und Genuss angestrebt wird und Schmerzen vermieden werden sollen. Die antiken Philosophen Sokrates, Platon, Aristoteles und Seneca verstanden unter Eudaimonia eine Dauerhaftigkeit und kein kurzfristiges Glücksgefühl. Für Aristoteles geht es beim Glück um das gute Leben und der Verwirklichung menschlicher Potentiale. Auch wenn zu Eudaimonia das Schmerzliche und Unangenehme dazugehört, so ist die Grundeinstellung positiv. Äußere Faktoren bringen einen nicht aus der Ruhe, sondern führen zu Gelassenheit. Eudaimonia lässt sich nach Auffassung der Philosophen durch eine tugendhafte und selbstgenügsame Lebensführung erreichen.

Ist Glück Chemie?

Unsere Glücksgefühle basieren auf Chemie, auf den Botenstoffen in unserem Gehirn. Es ist jedoch nicht ganz klar erforscht, was bei den Menschen die Botenstoffe auslöst und warum die Intensität so unterschiedlich ist (Förstl und Braunmiller 2009, S. 49). Für unser Glücksempfinden sind verschiedene Hormone zuständig, die populärwissenschaftlich auch als → Glückshormone bezeichnet werden. Diese sind vor allem Serotonin,

Dopamin, Noradrenalin, Endorphine und Oxytocin. Serotonin fördert die Gelassenheit und Zufriedenheit und dämpft Angstgefühle. Dopamin wird in Erwartung auf eine Belohnung ausgeschüttet, wenn wir eine bestimmte Leistung erbringen oder wenn wir ein Ziel erreichen. Es hebt die Stimmung und steigert die Aufmerksamkeit, die Aktivität und damit auch das Lernvermögen. Die Ausschüttung von Dopamin bewirkt, dass man sich motiviert, optimistisch fühlt und voller Selbstvertrauen ist. Dopamin hat jedoch ein Suchtpotential in sich. Da die Rezeptoren sich bei gleichbleibender Ausschüttung verringern, muss die Dopamindosis gesteigert werden, um die gleiche Wirkung auszulösen. Noradrenalin steigert die Aufmerksamkeit und Konzentration und wird vor allem bei Stress ausgeschüttet. Endorphine bewirken eine Schmerzlinderung. Oxytocin ist ein Hormon, das sich positiv auf das soziale Miteinander auswirkt und bei Vertrauen und Nähe entsteht.

Die alltagssprachlich genannten Glückshormone werden in bestimmten Situationen ausgeschüttet als eine Belohnung im Gehirn. Glücklichsein ist also nicht auf Dauer angelegt. Aber die Erfahrung des Glücks bewirkt, dass wir dauernd nach Glück streben.

Linktipps | In diesem kurzen Video über „Glückshormone und Motivation“ wird erklärt, wie die Hormone im Gehirn wirken: ▶ https://www.youtube.com/watch?v=9Ni-Y5DFSFQ

In diesem Podcast erklärt der Arzt und Neurowissenschaftler Dr. Burkhard Pfleger, wie Glück im Gehirn entsteht und was der Unterschied zur Zufriedenheit ist: https://www.humansarehappy.org/post/glück-im-gehirn

Ist Flow das Gleiche wie Glück?

Flow ist eine Form des Glücks, aber es unterscheidet sich von Glücksmomenten und Zufriedenheit. Wenn man glücklich oder zufrieden ist, spürt man es. Flow hingegen ist von Selbstvergessenheit bestimmt, so dass man sich in dem Moment des Erlebens seiner Gefühle nicht bewusst ist. Es ist also nicht genau das gleiche, auch wenn es Überschneidungen gibt.

Flow ist in der Glücksforschung sehr eng mit Mihaly Csikszentmihalyi verbunden. Der amerikanische Psychologe hat diese positiven Gefühle der Selbstvergessenheit in seinen Forschungen herausgearbeitet und sie als Flow bezeichnet. Seine Erkenntnisse haben als Flow-Theorie in der Glücksforschung Eingang gefunden. Zwar war das Phänomen der beglückenden Selbstvergessenheit bei bestimmten Tätigkeiten schon bekannt, aber Mihaly Csikszentmihalyi hat es erstmals systematisch erforscht. Er wollte wissen, wann sich Menschen im Alltag wirklich glücklich fühlen. Da ein großer Teil des Alltags aus Arbeit besteht, konzentrierten sich seine Forschungen auf die Arbeitswelt. Er begann mit der Untersuchung von Menschen in kreativen, herausfordernden Berufen, beobachtete und interviewte Chirurg:innen, Künstler:innen, Sportler:innen und Schachmeister:innen. In weiteren Studien befragte er mit seinem Forschungsteam Menschen aus anderen Lebensbereichen und Berufsgruppen. Dabei beschränkte er sich nicht auf die USA, sondern weitete seine Forschung auf die ganze Welt aus. Die Flow-Erfahrung wurde trotz der kulturellen Unterschiede überall mit den gleichen Worten beschrieben, ob es Frauen in Korea waren, Bauern in den italienischen Alpen oder Arbeiter:innen am Fließband in Chicago: Sie alle beschrieben Flow als ein Gefühl der Selbstvergessenheit und volle Konzentration auf die Tätigkeit. Man geht in seinem Tun völlig auf und lebt im Hier und Jetzt. Mihaly Csikszentmihalyi nennt sieben Merkmale:

1. Man ist ganz auf sein Tun fokussiert und völlig konzentriert
2. Ein Gefühl von Selbstvergessenheit, außerhalb der Alltagsrealität
3. Eine innere Klarheit, bei der man genau weiß, was der nächste Schritt ist
4. Das Wissen, dass die Tätigkeit machbar ist und man das Können dafür hat
5. Ein Gefühl der Ernsthaftigkeit, kein Zweifel an sich selbst und das über sich selbst Hinauswachsen
6. Kein Zeitgefühl, weil man ganz in der Gegenwart ist. Stunden scheinen in Minuten vorbeizugehen
7. Intrinsische Motivation, das Tun selbst ist die Belohnung

Die positiven Gefühle des Flows entstehen also nicht durch äußere Ziele wie Erfolg oder Vergnügen, sondern liegen in der Tätigkeit selbst.

Flow entsteht, wenn die äußeren Anforderungen und inneren Fähigkeiten in einem optimalen Verhältnis stehen. Ist die Aufgabe zu schwierig, so entsteht ein Gefühl der Überforderung bis hin zu Stress. Ist eine Aufgabe zu leicht, fühlt man sich unterfordert und es entsteht Langeweile.

Wenn man Filme anschaut oder sich im Internet vertieft, vergisst man zwar auch Raum und Zeit, es entsteht aber kein Flow, weil eigene Fähigkeiten nicht gefordert werden. Bei Computerspielen hingegen ist es anders. Sie zielen darauf ab, die Spieler:innen in einen Flow zu versetzen, um sie dadurch bei der Stange zu halten. Das gelingt, indem die Spieler:innen während des Spiels vor Aufgaben gestellt werden, die für sie schwierig sind, aber die sie lösen können.

Flow ist nicht das Gleiche wie Glück. Man ist völlig konzentriert, so dass das Gefühl des Glücks in diesem Moment nicht bewusst wahrgenommen wird. Das Bewusstsein für Flow entsteht nicht in dem Moment, in dem man ihn erlebt, sondern in der Retrospektive.

Literatur- und Linktipps | In diesem Buch erfährt man alles, was man über Flow wissen muss. Mihaly Csikszentmihalyi stellt seine Forschungen vor und erklärt, in welchen Situationen man Flow erlebt: Csikszentmihalyi, Mihaly: Flow: Das Geheimnis des Glücks. Aus dem Amerikanischen von Annette Charpentier. Stuttgart: Klett-Cotta, 9. Aufl. 2017.

Eine Kurzfassung über die Flow-Theorie vermittelt dieses Video, in dem Mihaly Csikszentmihalyi erklärt, wie er zur Erforschung gefunden hat und seine Ergebnisse schildert. Er zitiert unter anderem aus Interviews, wie Menschen das Flow-Gefühl beschreiben: ▶ https://www.youtube.com/watch?v=I_u-Eh3h7Mo

In diesem Video wird kurz und kompakt die Flow-Theorie erklärt: ▶ https://www.youtube.com/watch?v=IgWHNY14U7s

Ist dauerhaftes Glück möglich?

Glück ist deshalb Glück, weil es nicht dauerhaft ist. Wäre man ständig glücklich, dann würde ein Gewöhnungseffekt entstehen. Und wenn man sich an Glück gewöhnt, hört man auf, das Glück zu spüren. Glück lebt vom Kontrast, wie in der nächsten Frage ausgeführt wird. Gewöhnung ist also kontraproduktiv für das Glück. Wir streben nach Dingen, von denen wir annehmen, dass sie uns glücklich machen. Doch wenn wir sie erreicht haben, ist das Glücksgefühl von kurzer Dauer, weil wir uns an den Zustand gewöhnen. Das Phänomen nennt man → hedonistische Adaption. Man passt sich an den Level an, den man angestrebt hat. Was darunter liegt, wird als Verlust erlebt. Hat man sich ein Haus gekauft, ist man mit einer kleineren Wohnung, die man vorher hatte, nicht mehr zufrieden. Ein weiteres Beispiel für hedonistische Anpassung: Eine Angestellte verdient 2000 Euro im Monat. Sie wechselt die Arbeitsstelle, bei der sie 3000 Euro verdient. Doch diese Firma macht Konkurs. Ihre alte Firma würde sie wieder nehmen und ihr sogar 2500 Euro bezahlen. Während sie früher glücklich über diese Verbesserung gewesen wäre, ist für sie die Bezahlung nun als nicht mehr zufriedenstellend, weil ihr neuer Level 3000 Euro ist. Sie empfindet es als Rückstufung.

Die Gewöhnung an den neuen Glückslevel bewirkt, dass wir nach Höherem streben. Hat sich jemand seinen Traum vom eigenen Boot verwirklicht, stellt er nach einiger Zeit fest, dass sein Boot im Vergleich mit den Jachten, die im Hafen ankern, ziemlich klein ist. Der Vergleichsmaßstab hat sich geändert. Die Ansprüche steigen so immer mehr, doch das Glück stellt sich nur für kurze Zeit ein. Dieses Phänomen nennt man → hedonistische Tretmühle. Wie ein Hamster in einer Tretmühle strampelt man sich ab, ohne eine langfristige Verbesserung des Glückszustandes zu erreichen. Die Konsumwünsche sind unendlich. Sobald sich ein Wunsch erfüllt hat und das Glücksgefühl wieder abgeebbt ist, strebt man nach der nächsten Wunscherfüllung. Mitunter kann es weitreichende Folgen haben, z. B. wenn man dadurch in eine Kaufsucht verfällt. Doch nicht nur beim Konsum, sondern auch bei anderen Dingen tritt ein Gewöhnungseffekt ein. Im Berufsleben ist man beispielsweise zunächst glücklich, wenn man einen Karrieresprung gemacht hat, doch mit der Zeit gewöhnt man sich an seine neue Position und strebt nach einer höheren.

Literatur- und Linktipps | Dieses Video gibt einen Überblick über die Glücksforschung und erklärt dabei auch die → hedonistische Adaption: https://www.youtube.com/watch?v=rosyttFliT0
In seinem Buch erklärt der Schweizer Professor für Ökonomie, Mathias Binswanger, welche Glücksziele Tretmühlen sind und wie man diesen Tretmühlen entkommt: Binswanger, Mathias: Die Tretmühlen des Glücks. Wir haben immer mehr und werden nicht glücklicher. Was können wir tun? Freiburg i.Br.: Herder, aktualisierte Neuausgabe 2019.

Warum ist Glück ein Kontrasterlebnis?

Wie in der vorigen Frage dargestellt, ist Gewöhnung das Ende des Glücksempfindens. Glück wird besonders deutlich im Kontrast erlebt. Man gewöhnt sich sehr schnell an Dinge, die einen glücklich machen. Das Glück wird deshalb nicht mehr bewusst wahrgenommen. Um Glück wertzuschätzen, ist der Kontrast notwendig. Am Beispiel Gesundheit lässt es sich gut verdeutlichen. In Umfragen wird Gesundheit oft als eine wichtige Glücksquelle genannt, doch tatsächlich empfinden sich die meisten Menschen nicht als glücklich, nur weil sie gesund sind. Gesundheit nimmt man meistens so lange als selbstverständlich, bis man krank wird. Dann wird der Kontrast zu Gesundheit deutlich. Nach einer Erkrankung spürt man das Glück der Gesundheit viel deutlicher.

Viele Menschen stellen bewusst Kontrasterlebnisse her, um das Bewusstsein und die Wertschätzung für bestimmte Dinge zu schärfen. So verzichten Menschen in der Fastenzeit auf Dinge wie zum Beispiel Schokolade und können danach Schokolade wieder bewusster genießen.

Glückserlebnisse erfährt man bei vielen Kontrasterlebnissen im Alltag. Die wohlige Wärme einer Wohnung wird angenehmer empfunden, wenn man von draußen aus der Kälte kommt, als wenn man sich die ganze Zeit im warmen Zimmer aufhält. Und nach anstrengendem Sport fühlt sich die Couch viel angenehmer an, als wenn man den ganzen Tag darauf verbringt. Erst der Kontrast ermöglicht eine bewusste Wahrnehmung des Glücks.

Was ist die Set-Point-Theorie?

Die → Set-Point-Theorie besagt, dass jeder Mensch seinen eigenen biologisch bedingten „Sollwert" des Glücksempfindens hat, auf den er immer wieder zurückkehrt. Der Grund liegt in der genetischen Disposition der Glücksfähigkeit. Der eigene Glückslevel pendelt sich auf einen konstanten Wert ein, der als Set-Point bezeichnet wird. Außergewöhnlich positive Ereignisse auf der Gefühlsebene geben einen Ausschlag nach oben. Doch nach einiger Zeit fällt man wieder auf seine normale Gefühlsebene zurück. Das funktioniert in beide Richtungen. Erlebt man einen Schicksalsschlag, wie z. B., wenn man nach einem Unfall an den Rollstuhl gefesselt ist, so fällt man zunächst in ein Tief, aber mit der Zeit pendeln sich die Emotionen wieder auf das übliche Glücksniveau ein. Nach dem Unfall dreht sich zunächst alles um die neue Lebenssituation und wie man mit ihr zurechtkommt. Irgendwann stellt man sich auf die neue Situation ein und richtet die Aufmerksamkeit wieder auf andere Dinge, die einen vorher glücklich gemacht haben, wie z. B. das Zusammensein mit Freunden und Familie, ein gutes Essen oder Musik hören.

Obwohl es eine genetische Veranlagung des Glücksempfindens gibt, die nach bestimmten Lebensereignissen wieder Oberhand gewinnt, muss die Set-Point-Theorie hinterfragt werden. Der Glückslevel ist nicht für immer festgeschrieben. Manche Menschen, die schwere Schicksalsschläge wie Arbeitslosigkeit, Scheidung oder Verwitwung erlebt haben, kehren nicht mehr zu ihrem Ausgangswert zurück. Das zeigen neuere Daten, wie z. B. die Messungen des → Sozio-oekonomischen Panel (Schröder 2020, S. 22). Zudem schwanken bei manchen Menschen die Gefühle sehr stark, so dass es schwer zu sagen ist, was der „Sollwert" für den Einzelnen ist.

Ist das Glückserleben individuell unterschiedlich oder erleben wir Glück ähnlich?

Die meisten Menschen würden ihr Glückserleben als sehr individuell einschätzen. Der Glücksforscher und Harvard-Professor Daniel Gilbert zeigt anhand seiner Studien, dass sich Menschen im Glückserleben ähnlicher sind, als sie es wahrhaben wollen. Die Erfahrungen anderer können uns sehr viel zuverlässiger sagen, wie man sich in bestimmten Situationen fühlt als unsere eigenen Vermutungen. Gilbert erklärt, dass wir unser Glück nicht vorhersagen können, weil wir unseren jetzigen Gefühlszustand auf die Zukunft übertragen und unser Nichtwissen mit falschen Vorstellungen ersetzen. So geht man beispielsweise in der Verliebtheitsphase häufig davon aus, dass man mit dieser Partnerin oder diesem Partner immer so glücklich sein wird wie im Moment. Daniel Gilbert empfiehlt, dass man Menschen nach ihrem Glücksempfinden fragen sollte, die schon lange verheiratet sind, um realistischere Vorhersagen zu treffen. „Weil wir aber nicht wahrhaben wollen, wie sehr wir uns alle gleichen, weisen wir diese verlässliche Methode zurück und verlassen uns stattdessen auf unsere Vorstellungskraft, wie fehlerhaft und fehlbar sie auch sein mag." (Gilbert 2008, S. 379) Dass wir unserer eigenen Vorstellungskraft mehr vertrauen als auf die Erfahrung anderer Menschen, liegt daran, dass es für das Selbstwertgefühl der Menschen wichtig ist, sich einzigartig zu fühlen, da man damit die eigene Identität definiert.

Der Unterschied unserer eigenen Gefühlslage zu der Gefühlslage anderer kommt uns größer vor, weil wir unsere Innensicht kennen, aber nicht die Innensicht des Gegenübers. (Gilbert 2008, S. 375ff)

Auch in der Befragung, die wir in einem Seminar mit Studierenden durchgeführt haben, erschienen die ersten erhobenen Glückserlebnisse sehr individuell und unterschiedlich, aber nach einigen hundert Befragungen wurde deutlich, wie sehr sich die Geschichten gleichen.

Wie hat sich aus der Positiven Psychologie die Glücksforschung entwickelt?

Die Glücksforschung ist in den 1990er Jahren aus der →Positiven Psychologie entstanden. Der amerikanische Psychologe Martin Seligman hat den Begriff Positive Psychologie aufgegriffen, den Abraham Maslow, ebenfalls Psychologe, 1954 zum ersten Mal verwendet hatte. Als Martin Seligman 1996 Präsident der American Psychological Association – das ist der größte Berufsverband der Psychologen in den USA – wurde, hatte er einen maßgeblichen Einfluss auf diese Entwicklung. Er stellte die Positive Psychologie als wichtigstes Forschungsziel in den Mittelpunkt. Für diese Forschung trieb er große finanzielle Mittel ein, auch von Wirtschaftsunternehmen. Das Bestreben von Martin Seligman war, in der Psychologie die Prävention für seelische Gesundheit ins Zentrum der Erforschung zu rücken und sich nicht nur auf die Behandlung psychischer Erkrankungen zu konzentrieren. Er kritisierte, dass sich die Psychologie zu sehr über Krankheitsmodelle definiere. Man solle vielmehr das in den Blick nehmen, was psychische Gesundheit fördert. Dafür richtete er einen eigenen Studiengang ein (Master of Applied Positive Psychology) und rief eine Weltgemeinschaft Positive Psychologie in Leben, die auch Weltkongresse veranstaltet.
Die Positive Psychologie ist in den USA zu einem sehr großen und finanzstarken Forschungszweig geworden. Ein Grund dafür sind finanzielle Förderungen von einflussreichen Persönlichkeiten, Stiftungen und großen Wirtschaftsunternehmen, die an den Forschungsergebnissen für die eigene Unternehmenskultur interessiert sind, z. B. Coca-Cola.

Diese Unternehmen betreiben oft eigene Forschungen und beauftragen damit Glücksforscher:innen. Dass die Glücksforschung in den USA auf fruchtbaren Boden gefallen ist, liegt auch an der amerikanischen Wertekultur. Schon in der amerikanischen Verfassung von 1776 ist das Recht auf Streben nach Glück verankert (mehr darüber siehe unter der Frage „Gibt es ein Recht auf Glück in der amerikanischen Verfassung?“).
Das Ziel der Positiven Psychologie ist, die Menschen zu befähigen, die eigenen Stärken und Potentiale in sich zu entdecken und das Glückserleben zu fördern. Dafür entwickelten Forscher:innen der Positiven Psychologie Tests, Fragebögen und Messinstrumente.
Auch in Deutschland hat die Positive Psychologie an Bedeutung gewonnen. 2014 wurde die „Deutsche Gesellschaft für Positive Psychologie“ gegründet, die auch Ausbildungsgänge anbietet.
Die Soziologie-Professorin Eva Illouz in Jerusalem und der Psychologie-Professor Edgar Cabanas in Madrid kritisieren an der Positiven Psychologie, dass der Mensch als formbar gesehen und seine individuelle Persönlichkeit zu wenig beachtet wird. Zudem stünden hinter der Positiven Psychologie ökonomische Interessen (Illouz und Cabanas 2019).
Auch der deutsche Psychologie-Professor Philipp Mayring kritisiert die Positive Psychologie als ideologisch mit einem Absolutheitsanspruch ohne Zwischentöne (Mayring 2012; mehr unter der Frage „Ist Glücksforschung eine Ideologie?“).
Positive Psychologie und Glücksforschung werden meist als Synonyme verwendet, weil sich die Positive Psychologie mit Glück befasst. Doch auch außerhalb der Psychologie wird über Glück geforscht, so zum Beispiel in der Soziologie oder in den Wirtschaftswissenschaften. Doch sie arbeiten eng mit der Positiven Psychologie zusammen. Glücksforschung ist also ein Sammelbegriff, unter der sich alle Disziplinen vereinen, die über Glück forschen und meistens interdisziplinär arbeiten.
Inzwischen gibt es zahlreiche Fachzeitschriften, Institutionen und Datenbanken, die sich mit Glücksforschung befassen. Die → World Database of Happiness sammelt Forschungen über Glück auf ihrer Seite. Das Happiness Research Institute in Kopenhagen mit Meik Wiking als CEO forscht mit einem interdisziplinären Team über Glück und veröffentlicht die Ergebnisse in vielen Publikationen (Happiness Research Institut). Es gibt noch eine unübersehbare Zahl von weiteren Institutionen und

Organisationen im Bereich der Glücksforschung, so dass eine Überblicksdarstellung unmöglich ist.

Linktipp | Die Website der Deutschen Gesellschaft für Positive Psychologie gibt einen Überblick über die Forschungen und Forscher:innen der Positiven Psychologie. https://www.dgpp-online.de

Welche Fachdisziplinen forschen über Glück?

Das Thema Glück hat enorm an Bedeutung gewonnen, so dass sich inzwischen sehr viele wissenschaftliche Disziplinen mit Glück befassen. In der Antike waren es die Philosophen wie Aristoteles und Epikur, die sich mit Glück auseinandersetzten. Auch heute noch ist Glück ein wichtiges Thema in der Philosophie. Auch Theologen wie Augustinus gehören zu den frühen Glücksforschern. Sie verlagerten das Glück ins Jenseits und verwendeten dabei den Begriff → Glückseligkeit. Heute hat die Theologie das Glück wieder ins Diesseits geholt und setzt sich mit Glauben und Lebenssinn auseinander. Auch die Literaturwissenschaft nimmt sich des Glücks an, da Glück und Unglück zentrale Themen in der Literatur sind. Im Märchen steht die Suche nach Glück im Mittelpunkt. In der Psychologie rückte Glück mit der Hinwendung zur Positiven Psychologie in das Zentrum des Interesses. Die Neurologie und die Gehirnforschung fragen nach physiologischen Prozessen, die das Glück beeinflussen. Glück als Forschung hat sich auch auf andere Disziplinen ausgeweitet. Die Wirtschaftswissenschaften forschen über den Zusammenhang von Ökonomie und Glück. So gehen sie z. B. der Frage nach, welchen Einfluss Geld und Wohlstand auf das Glücksempfinden haben. Die Kulturwissenschaften interessieren sich für das Glücksverständnis in verschiedenen Kulturen und welche Bedeutung Glück in der eigenen Kultur hat. Soziologen beschäftigen sich damit, welche Faktoren die → Zufriedenheit der Menschen fördert und welchen Einfluss es auf die Gesellschaft hat. Sie greifen für die Forschung auf Daten zurück, die in weltweiten Befragungen erhoben wurden. Mit diesen Daten kann die Zufriedenheit verschiedener Bevölkerungsgruppen und Länder verglichen werden. Auch lässt sich herausfinden, welche Lebensereignisse wie Heirat oder Kinder Einfluss auf das Wohlergehen haben.

In der Gesundheitsforschung stellt man sich die Frage, welche Auswirkungen Glück auf die Gesundheit hat und wie positive Gefühle den Krankheitsverlauf beeinflussen. Auch in den Bereichen der Evolutions- und Neurobiologie und Genetik ist Glück ein Forschungsthema geworden. Es werden biologische Faktoren untersucht und die genetischen Dispositionen für Glück und Depressionen erforscht. In der Pädagogik werden Konzepte für Glück als Unterrichtsfach entwickelt, um Kindern Strategien zu vermitteln, wie sie ein glückliches Leben führen können.

Es gibt kaum eine wissenschaftliche Disziplin, die sich nicht in irgendeiner Weise mit der Frage nach Glück auseinandersetzt.

Literaturtipp | In diesem Buch setzen sich ein Psychologe und ein Philosoph mit dem Thema Glück auseinander und bringen ihre unterschiedlichen Perspektiven vor dem Hintergrund ihrer wissenschaftlichen Disziplin ein: Mayring, Philipp und Rath, Norbert: Glück – aber worin liegt es? Zu einer kritischen Theorie des Wohlbefindens. (Philosophie und Psychologie im Dialog, 13). Göttingen: Vandenhoeck & Ruprecht 2013.

Welchen Stellenwert hat Glücksforschung in der Wissenschaft?

In den angloamerikanischen Ländern hat Glücksforschung einen hohen Stellenwert. Vor allem in den USA ist Glücksforschung ein bedeutender Forschungszweig. Es gibt viele Forscher:innen, die sich ausschließlich mit Glück befassen und international renommiert sind. Zu den bekanntesten Glücksforschern gehören Ed Diener, Mihaly Csikszentmihalyi, Tal Ben-Shahar, Daniel Gilbert, Sonja Lyubomirsky. Oftmals sind sie als Professor:innen an renommierten Universitäten wie Harvard oder Princeton tätig. Auch Daniel Kahneman, Wirtschaftsnobelpreisträger, beschäftigt sich mit Glücksforschung (Kahneman 1999).

In Deutschland hat Glücksforschung in der Wissenschaft einen untergeordneten Stellenwert. Das Thema ist zu wenig greifbar. An den Universitäten wird wenig über Glück geforscht. Doch es gab in Deutschland schon ein

Institut für Glücksforschung, bevor der Glücksboom in den USA ausbrach. Der Soziologieprofessor Alfred Bellebaum gründete 1990 nach seiner Emeritierung das Institut für Glücksforschung e. V. in Vallendar. Er leitete das Institut, bis es 2006 geschlossen wurde und schrieb zahlreiche Publikationen über Glücksforschung. Seine Herangehensweise war multiperspektivisch. Er betrachtete das Glück soziologisch, philosophisch, theologisch, psychologisch und zog die Erkenntnisse aus anderen Disziplinen heran.

Wissenschaftler:innen, die heute über Glück forschen, beschäftigen sich meist nur am Rande damit. Glücksforschung ist ein Nebenprodukt ihrer eigentlichen Forschung. Es gibt nur wenige Wissenschaftler:innen, die sich tiefergehend mit Glücksforschung befassen und auch außerhalb der Universität bekannt sind. Zu diesen gehört die Soziologie-Professorin Hilke Brockmann von der Jacobs Universität in Bremen. Sie fragt, welche Faktoren das Subjektive Wohlbefinden positiv beeinflussen. Ein Forschungsthema ist die Frage, ob das Streben nach „mehr" wirklich glücklich macht (Brockmann und Delhey 2013). Hilke Brockmann arbeitet mit der Harvard University in Cambridge zusammen. Unter anderem hat sie als Beiratsmitglied des Coca-Cola Happiness Instituts 2013 für das Unternehmen eine Zusammenfassung über den aktuellen Stand der Glücksforschung verfasst.

Auch Martin Schröder befasst sich mit Glück oder präziser formuliert, mit Zufriedenheit. Er ist Professor für Soziologie in Marburg und betont, dass Glück zu flüchtig ist, um es zu erforschen, im Gegensatz zur Zufriedenheit. Martin Schröder wertet das → Sozio-oekonomische Panel aus und publiziert die Ergebnisse (Schröder 2020).

Karlheinz Ruckriegel ist Professor für Volkswirtschaftslehre in Nürnberg. Er forscht über den Zusammenhang von Glück und Ökonomie und wie die Ergebnisse der Glücksforschung in Unternehmen und der Politik umgesetzt werden können (Ruckriegel 2014).

Philipp Mayring ist Psychologe und Professor für Psychologische Methodenlehre in Klagenfurt. Er hat sich mit der methodischen Erforschung von Glück und Subjektivem Wohlbefinden auseinandergesetzt und eine kritische Theorie des Glücks erarbeitet (Mayring 1991 und 2012).

In der Philosophie haben sich unter anderen Dieter Thomä (Thomä 2007), Norbert Rath (Rath 2008) und Wilhelm Schmid (Schmid 2007) mit dem Thema Glück auseinandergesetzt.

Im außeruniversitären Bereich gibt es viele Institutionen und Organisationen, die sich mit der Glücksforschung befassen und teilweise mit Universitäten kooperieren, so zum Beispiel die Deutsche Gesellschaft für

Positive Psychologie (Deutsche Gesellschaft für Positive Psychologie). Das Institut, bestehend aus einem Team von Psycholog:innen, bietet Trainerausbildungsgänge für Positive Psychologie an.

Wie wird über Glück geforscht?

Forschungen über Glück sind schwierig, weil Glück keine objektive, messbare Variable ist. Es gibt viele unterschiedliche Forschungszugänge, von denen hier drei häufig verwendete Methoden genannt werden sollen:

1. Die erste und am häufigsten angewendete Herangehensweise der Glücksforschung zielt auf eine allgemeine Beurteilung von persönlichem Lebensglück ab (Veenhoven 2011). Diese Untersuchungen basieren oft auf groß angelegten und weltweit durchgeführten Untersuchungen, in denen die Befragten ihr Glücksempfinden (in verschiedenen Lebensbereichen oder allgemein) in ein Kategorienschema (sehr glücklich, glücklich, ziemlich glücklich, nicht glücklich) oder auf einer Punkteskala von 0 bis 10 einordnen sollen. Die Ergebnisse dieser Befragungen sind wenig differenziert, da sie nur auf wenigen Items beruhen. Zudem sind sie kaum miteinander vergleichbar, weil nicht das individuelle oder kulturelle Verständnis von Glück ermittelt wurde. Der Begriff Zufriedenheitsforschung wäre zutreffender als der Begriff Glücksforschung, denn bei den Befragungen wird über Lebenszufriedenheit geforscht und nicht über kürzer andauernde Glücksmomente.

Die Daten werden verglichen, um verschiedene Schlüsse daraus zu ziehen. So werden die Daten von verschiedenen Ländern verglichen, um die zufriedensten Nationen zu ermitteln. Oder man vergleicht verschiedene Erhebungszeitpunkte, um den historischen Wandel aufzuzeigen. Ein Vergleich zwischen verschiedenen sozialen Gruppen oder zwischen verschiedenen Lebensbereichen, wie Beruf, Familie oder Gesundheit, sollen aufzeigen, welche Faktoren einen Einfluss auf das Subjektive Wohlbefinden haben. So lässt sich z. B. feststellen, ob Geld glücklich macht oder welchen Einfluss Kinder auf das Glücksempfinden haben.

2. Die zweite Herangehensweise in der Glücksforschung erfasst → Subjektives Wohlbefinden über Erinnerungen an erlebte Glücksmomente. Erlebtes Glück und erinnertes Glück sind jedoch nicht identisch. Unsere Gefühle sind flüchtig. Wir können über Gefühle im erlebten Moment und auch kurz danach genau berichten. Aber wenn das Ereignis länger zurück liegt, greifen wir auf unsere Intuition zurück, die wir mit dem Ereignis

verbinden. Dennoch ermöglicht diese Herangehensweise ein differenziertes Bild des individuellen Glücksverständnisses.

3. Der dritte Zugang in der Glücksforschung versucht, Glücksempfindungen zeitgleich oder zeitnah über einen bestimmten Zeitraum hinweg zu erfassen. Dabei werden vor allem zwei empirische Methoden angewendet: die → Tagesrekonstruktionsmethode, engl. Day Reconstruction Method (DRM), und die → Erfahrungsstichprobe, engl. Experience Sampling Method (ESM). Auf diese wird in der nächsten Frage eingegangen.

Literatur- und Linktipp | Einen Überblick über Forschungen und Methoden gibt die Datenbank, die der Sozialwissenschaftler Ruut Veenhoven an der Erasmus Universität Rotterdam eingerichtet hat: → World Database of Happiness https://worlddatabaseofhappiness.eur.nl

In der Fachzeitschrift „Journal of Happiness Studies. An Interdisciplinary Forum of Subjective Well-Being“ werden Forschungen und die angewendeten Methoden aus verschiedenen Disziplinen vorgestellt und diskutiert. https://www.springer.com/journal/10902

Was ist die Tagesrekonstruktionsmethode und was ist die Erfahrungsstichprobe?

Um die Gefühle bei Aktivitäten zu messen, eignet sich die → Erfahrungsstichprobe, engl. Experience Sampling Method (ESM), sehr gut. Diese Methode verwendete Mihaly Csikszentmihalyi für die Untersuchungen über Flow (Csikszentmihalyi 1991, 2003). Die Testpersonen tragen während des Untersuchungszeitraumes (z. B. eine Woche) einen Palm Pilot bei sich. Dieses elektronische Gerät piept an zufällig ausgewählten Zeiten. Dann stellt es Fragen und die Personen geben Auskunft, wo sie sich gerade befinden, was sie machen, mit wem sie zusammen sind und wie sie sich fühlen. Diese Methode hat den Vorteil, dass man aktuelle Gefühle aufzeichnen kann. Der Nachteil ist, dass diese Methode teuer ist und für die Teilnehmer:innen belastetend, weil es einen großen Eingriff in den Alltag bedeutet.

Deshalb wird häufig eine Alternative verwendet: die → Tagesrekonstruktionsmethode, engl. Day Reconstruction Method (DRM) (Kahneman u. a. 2004). Dabei werden die Befragten gebeten, den vorangegangenen Tag zu rekonstruieren. Sie erstellen einen kurzen Tagebucheintrag, was sie am Tag zuvor vom Aufstehen bis zum Schlafengehen gemacht haben. Der Tagebucheintrag ist vertraulich und wird dem Forschungsteam nicht ausgehändigt. Auf der Basis des Tagebucheintrags berichten die Teilnehmer:innen in einem strukturierten Fragebogen detailliert über die einzelnen Ereignisse und wie sie sich dabei gefühlt haben. Die Tagesrekonstruktionsmethode hat den Vorteil, dass die Erinnerungen noch frisch sind. Bei länger zurückliegenden Ereignissen können wir uns nicht mehr genau an die Gefühle erinnern, weil Gefühle flüchtig sind und im Gedächtnis nicht gut gespeichert werden können. Wir verlassen uns deshalb auf unsere Intuitionen. Die erinnerten Gefühle entsprechen nicht immer den tatsächlich erlebten Gefühlen.

Literaturtipp | Kahneman, Daniel; Krueger Alan .B.; Schkade, David A.; Schwarz, Norbert und Stone, Arthur. A.: A Survey Method for Characerizing Daily Life Experience: The Day Reconstruction Method (DRM). In Science 306 (2004), S. 1776–1780.

Ist Glück messbar?

Glück zu messen ist schwierig, weil es ein schwankendes Gefühl ist. Deshalb wird die → Zufriedenheit gemessen. Glück und Zufriedenheit werden dabei in einen Topf geworfen, was irreführend ist. Die Ergebnisse werden dann als Glücksmessungen kommuniziert. So wird z. B. dargestellt, in welchem Land die Menschen am „glücklichsten" sind.

Um Zufriedenheit zu messen, wird häufig die Frage gestellt: „Wie zufrieden sind Sie derzeit alles in allem mit Ihrem Leben". Die Befragten sollen ihre Antwort in einer Punktescala von 0 bis 10 einordnen. Diese Befragungsmethode wird von Sozialforschungsinstituten durchgeführt. Die Ergebnisse gelten als zuverlässig, denn die Einschätzung von Familie und Freunden bestätigt das Ergebnis. Der durchschnittliche Wert der Lebenszufriedenheit zwischen Selbst- und Informantenberichten unterscheiden sich in der Regel nicht oder nur geringfügig.

Bei dieser Art der Befragung gibt es jedoch viele Kritikpunkte. Wie kann man in dem Moment der Befragung sein ganzes Leben beurteilen? Die Antwort fällt je nach der aktuellen Stimmungslage unterschiedlich aus. So beurteilt man sein gesamtes Leben anders, nachdem man gekündigt oder nachdem man befördert wurde. Selbst das Wetter hat einen Einfluss auf die Antwort. Die Selbsteinschätzung fällt bei Sonnenschein besser aus als bei Regenwetter.

Zudem wird bei Befragungen immer positiver geantwortet als man sich fühlt. Das ist mit der sozialen Erwünschtheit zu erklären. Glücklich zu sein hat in unserer Gesellschaft einen hohen Stellenwert. Die Antworten auf die Frage geben deshalb mehr Auskunft darüber, welch eine hohe Bedeutung Glück in unserer Gesellschaft hat als der tatsächliche Gefühlszustand der Befragten.

Außerdem wird die Frage oftmals auch kognitiv beantwortet. Den Befragten ist bewusst, dass sie alle Voraussetzungen haben, um glücklich zu sein, wie gute Beziehungen zu Familie und Freunden und eine sichere Arbeitsstelle. Sie wissen, dass sie eigentlich zufrieden sein müssten, doch das sagt noch nichts über das tatsächliche Empfinden aus.

Nicht zuletzt stellt sich die Frage der Vergleichbarkeit. Nicht für jeden bedeutet die Punktzahl das gleiche. Fühlt sich ein Brasilianer mit einem Quotienten von 6 weniger glücklich als ein Deutscher mit einem Quotienten von 7? Zudem ist Bhutan, das häufig als glücklichstes Land der Welt gilt, im → World Happiness Report von 2021 auf dem 95. Platz und Finnland auf dem ersten Platz (zu Bhutan siehe die Frage „Warum gilt Bhutan als glückliches Land?“). Die Gründe liegen unter anderem an den Messmethoden. So hat zum Beispiel im → World Happiness Report das Einkommen eine hohe Gewichtung. In Bhutan ist das Einkommen jedoch gering, zumal das Staatsziel das → Bruttonationalglück und nicht das Bruttonationalprodukt ist. Andere Faktoren, wie zum Beispiel Umweltschutz, der in Bhutan einen hohen Wert hat, werden in der Befragung wenig gewichtet. Bei diesen Messungen werden Schlussfolgerungen gezogen, welche Faktoren für das Glück verantwortlich sind. Man wird deshalb die wirtschaftlichen und sozialen Werte von Dänemark als glücksfördernd bewerten und nicht die Werte beachten, die in Bhutan als glücksfördernd gelten, wie Gemeinschaft, Bildung und Bewahrung von Kultur. Interessant ist in diesem Zusammenhang, dass Bhutan den Fragebogen für den → World Happiness Report mit erstellt hat.

In der Glücksforschung wird diese Messbarkeit durch diese Befragungen dennoch für geeignet gehalten, um den Gefühlszustand großer Bevölkerungsgruppen zu erfassen. In Bezug auf einzelne Personen würden die Umfragen nur wenig aussagen, doch bei Befragungen großer Bevölkerungsgruppen gäbe es ein zuverlässiges Bild. Die Fehlerquellen würden sich anhand der großen Datenmengen ausgleichen. Doch Kritiker wie zum Beispiel die Psychologen Philipp Mayring und Mihaly Csikszentmihalyi wenden ein, dass Befragungen, die auf wenigen Items basieren, nur an der Oberfläche bleiben.

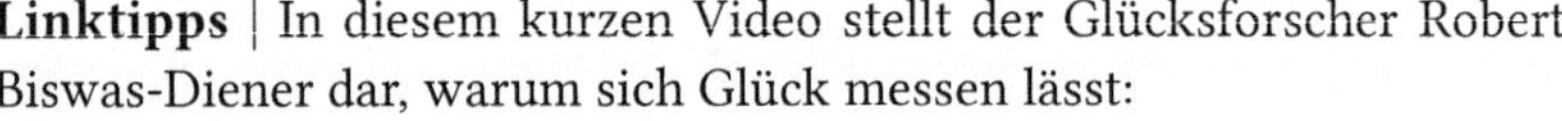

Linktipps | In diesem kurzen Video stellt der Glücksforscher Robert Biswas-Diener dar, warum sich Glück messen lässt:
https://www.youtube.com/watch?v=GLbsedkjWNQ

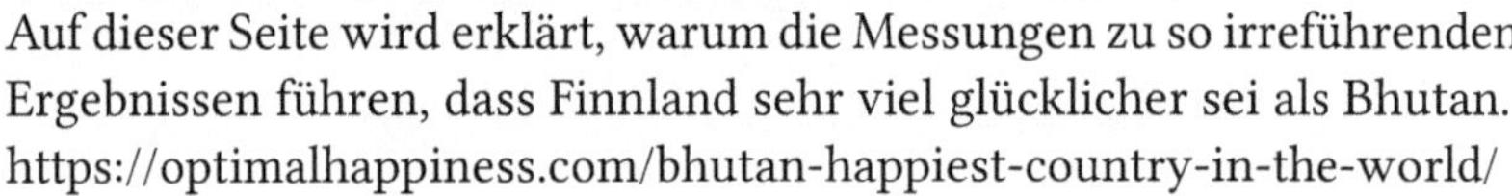

Auf dieser Seite wird erklärt, warum die Messungen zu so irreführenden Ergebnissen führen, dass Finnland sehr viel glücklicher sei als Bhutan.
https://optimalhappiness.com/bhutan-happiest-country-in-the-world/

Auf welchen Datengrundlagen basieren die Messungen zur Zufriedenheit?

Weltweit werden Befragungen von Sozialforschungsinstituten durchgeführt, die Fragen zu Lebenseinstellungen, Lebenssituation und zur Zufriedenheit stellen. Die umfangreichste Befragung wird von World Values Survey erstellt. In ungefähr 100 Ländern wird unter anderem gefragt: „Taking all things together, would you say you are: 1 Very happy, 2 Rather happy, 3 Not very happy, 4 Not at all happy."
In Europa führt der Eurobarometer im Auftrag der Europäischen Kommission Meinungsumfragen durch, unter anderem nach der Zufriedenheit. Weitere europäische Langzeitstudien werden von European Values Study durchgeführt.
Für Daten in Deutschland ist das → Sozio-oekonomische Panel (SOEP) ein wichtiges Messinstrument. Es wird vom Deutschen Institut für Wirtschaftsforschung zur Verfügung gestellt und enthält eine Vielzahl von Fragen zur Lebenssituation und Lebenseinstellungen. Die letzte Frage lautet: „Wie zufrieden sind Sie gegenwärtig, alles in allem,

mit Ihrem Leben?“ Die Frage soll man auf einer Skala von 0 bis 10 beantworten. Bei dieser Langzeitstudie – sie läuft seit 1984 – wurden ungefähr 85.000 Menschen über 600.000-mal befragt, wie zufrieden sie mit ihrem Leben sind. Die Befragten kommen aus allen Gesellschaftsgruppen, so wie es der Bevölkerungsverteilung entspricht. Aufgrund der anderen Fragen zur Lebenssituation geben die Daten Aufschluss darüber, inwiefern Lebensereignisse Einfluss auf die Zufriedenheit haben.

Literaturtipp | Der Soziologe Martin Schröder hat die Daten des Sozio-oekonomischen Panel ausgewertet und die Ergebnisse über Zufriedenheit in seinem Buch dargestellt: Schröder, Martin: Wann sind wir wirklich zufrieden? Überraschende Erkenntnisse zu Arbeit, Liebe, Kindern, Geld. München C.: Bertelsmann 2020.

Welches ist die am längsten andauernde Glücksstudie?

Die "Harvard Adult Development Study" oder auch kurz → Grant-Studie nach W. T. Grant genannt, der die Studie im ersten Jahrzehnt finanzierte, ist die längst andauernde Studie. Sie wurde 1938 an der Harvard Medical School begonnen. Die Teilnehmer setzten sich aus zwei Gruppen zusammen. Die eine Gruppe bestand aus 456 jungen Männern von Boston aus schwierigen Familienverhältnissen und die andere Gruppe aus 268 Harvardstudenten. Ziel der Langzeitstudie, bei der regelmäßig der Gesundheitszustand, die psychische Verfassung sowie die Lebensumstände untersucht wurden, war es herauszufinden, was ein erfolgreiches Leben ausmacht und welche Faktoren dabei von Bedeutung sind, was den Menschen positiv und negativ beeinflusst. Alle zwei Jahre müssen die Teilnehmer einen detaillierten Fragebogen über ihre Lebensumstände ausfüllen, wobei auch die Partner:innen und das Umfeld befragt werden. Und alle fünf Jahre erfolgt eine medizinische Untersuchung. Es wird beispielsweise auch gemessen, wie die Teilnehmer:innen auf Stress reagieren, indem sie im Labor unter Stress gesetzt werden. Einer der damaligen Teilnehmer war der amerikanische Präsident John F. Kennedy.

Kritisiert werden muss, dass die ersten Studienteilnehmer alles weiße, junge Männer waren. Bei der Untersuchung der nachfolgenden Generation sind auch Frauen dabei.

Heute sind noch 40 Teilnehmer am Leben. Sie sind fast oder über 100 Jahre alt. Inzwischen wird die nächste Generation untersucht, über 2000 Menschen. Es sind die Kinder der ersten Studie, die heute um die 50 oder 60 Jahre alt sind. Gefragt wird unter anderem auch, wie ihre Kindheit war. Anhand dieser Studie möchte man mehr darüber wissen, ob sich der körperliche und mentale Zustand auch auf die nächste Generation überträgt.

Das Fazit dieser Studie, das der Direktor Robert Waldinger hervorhebt, ist, dass enge Beziehungen entscheidend für das Wohlbefinden sind und dass sie auch einen großen Einfluss auf den Gesundheitszustand haben. Dabei geht es nicht darum, wie viele Freund:innen man hat, sondern es geht um die Qualität der Beziehungen, um aufmerksame Zuwendung. Enge Beziehungen verhelfen unter anderem auch dem Stressabbau. Stress hat einen großen negativen Einfluss auf das Wohlbefinden und auch auf die Gesundheit. Zudem hat man in der Studie festgestellt, dass Menschen glücklicher sind, wenn sie sich nicht nur mit sich selbst beschäftigen, sondern mit Dingen, die über sie hinausgehen.

Linktipps | Die Harvard Study of Adult Development findet sich hier: https://www.adultdevelopmentstudy.org und der Direktor der Studie, Professor Robert Waldinger, berichtet in einem Interview über die Studie und die wichtigsten Ergebnisse: https://www.youtube.com/watch?v=5Zqloy9Ma_s&t=28s

Was ist der Glücksatlas?

Weltweit stellen Forschungsinstitute auf der Basis ihrer Glücksbefragungen Rankings auf, welche Nationen am glücklichsten sind. In Deutschland werden die Forschungsergebnisse in einem Glücksatlas zusammengefasst, der seit 2011 jährlich erscheint. Dort wird dargestellt, in welchen Bundesländern die Menschen am glücklichsten sind und welche Faktoren das Glück beeinflussen.

Die Umfragen basieren auf den Daten des → Sozio-oekonomischen Panel und auf Daten von anderen Umfrageinstituten, wie beispielsweise dem

Institut für Demoskopie Allensbach. Gefragt wird: „Wenn Sie einmal alles in allem nehmen, wie zufrieden sind Sie insgesamt mit ihrem Leben?“ Die Selbsteinschätzung erfolgt auf eine Skala von 0 bis 10. Der leitende Forscher ist Prof. Bernd Raffelhüschen. Die Sponsoren und Herausgeber des Glücksatlas waren die ersten zehn Jahre die Deutsche Post; seit 2021 ist es die SLK (Süddeutsche Klassenlotterie).

Die Forschungsergebnisse erfahren große Aufmerksamkeit und werden von vielen Medien zitiert. Laut Glücksatlas ist die Lebenszufriedenheit in Schleswig-Holstein mit einem Wert von 7,14 am höchsten, gefolgt von Bayern mit einem Wert von 7,06.

Linktipp | Auf dieser Seite werden die Forschungen des Glücksatlas vorgestellt, die Methoden und die Ergebnisse: https://www.skl-gluecksatlas.de

Haben sich die Forschungsmethoden mit der modernen Technologie erweitert?

Die Möglichkeiten der Glücksforschung haben sich sehr stark erweitert, weil den Forschern viel größere Datenmengen und mehr Technologien zur Verfügung stehen. Über Recherchen im Internet gelangt man zu vielen Informationen. Besonders die Sozialen Medien werden als Forschungsquelle herangezogen. Neuere Untersuchungen werten Daten von Facebook-Profilen, Instagramm-Nachrichten und Google-Suchen aus. Über die Sozialen Netzwerke können die Forscher:innen in Echtzeit viele Informationen erfassen: personenbezogene Daten über körperliche und seelische Befindlichkeiten, tägliche Aktivitäten, persönliche Beziehungen, sprachliche Gewohnheiten, regelmäßige Aufenthaltsorte, und vieles mehr. Diese Informationen bieten riesige Datenmengen zur Erforschung von Glück.

Auch Smartphone-Apps liefern Unmengen an Daten, die für die Glücksforschung ausgewertet werden, so zum Beispiel verschiedene Glücksapps oder Mood Tracker. Damit soll die Achtsamkeit trainiert werden. Man zeichnet seine Stimmungen auf und soll dadurch lernen, besser mit seinen Gefühlen umzugehen und glücklicher zu werden. Das öffentliche Forum des Mood Trackers zum Austausch mit Gleichgesinnten ist eine zusätzliche Informationsquelle, die Glücksforscher:innen nutzen. Dieses Thema wird unter der Frage "Macht eine Glücksapp glücklich?" im letzten Kapitel kritisch betrachtet.

Weitere Methoden sind Textanalysen. So werden zum Beispiel Biografien analysiert. Damit arbeitet man heraus, welche Faktoren zu einem glücklichen Leben beitragen. Durch Wörterbuchanalysen, wie Glück in verschiedenen Sprachen verwendet wird, lassen sich kulturelle Unterschiede herausarbeiten. Auch die Sozialen Medien werden einer Textanalyse unterzogen. So werden zum Beispiel positive und negative Wörter ausgewertet. Doch der Erkenntniswert muss hinterfragt werden, denn der Sprachgebrauch in den Sozialen Medien hat oft wenig mit den eigenen Empfindungen zu tun, sondern mehr mit der Außenwirkung, die man erzielen möchte (mehr dazu unter der Frage „Welche Auswirkungen haben Soziale Medien auf Glück?“).

Glücksforschung macht sich auch neue technologische Möglichkeiten im medizinischen Bereich zunutze, so zum Beispiel Gesichtsmessungen, wie die Intensität des Lächelns oder physiologische Messungen wie Blutdruck, Herzrhythmus, Glukoseverbrauch, Serotoninspiegel und bildgebende Verfahren in der Hirnforschung.

Bei all den methodischen Schwierigkeiten, das Glück zu erforschen, ist die Befragung die aussagekräftigste Methode, denn Glück entzieht sich einer Fremdzuschreibung. Man kann nur selbst beurteilen, ob man sich glücklich fühlt oder nicht.

Dennoch ist die Herangehensweise bei der Erforschung von Glück problematisch. Glück wird häufig als objektiv und messbar betrachtet, das sich mit einer großen Datenmenge herausarbeiten lässt und nicht als ein Begriff, der sich theoretisch und philosophisch bearbeiten lässt.

Das Glücksverständnis in Kultur und Geschichte

Was unter Glück verstanden wird, ist sehr unterschiedlich. Es unterscheidet sich zwischen den Menschen, aber auch zwischen den Kulturen. Und auch in der Geschichte hat Glück einen Wandel erfahren. In diesem Kapitel wird gezeigt, welche Vorstellungen mit Glück in verschiedenen Epochen und Kulturen verbunden sind.

Wie unterschiedlich ist das Glücksverständnis der Kulturen?

Die Kulturvergleiche in der Glücksforschung beziehen sich hauptsächlich auf Nordamerika, Europa und Asien. Über afrikanische und arabische Länder weiß man wenig. Dennoch zeigt sich, dass es sehr viele Unterschiede sogar innerhalb einer Kultur gibt. Für ungefähr die Hälfte der untersuchten Nigerianer:innen bedeutet Glück Freude und Stolz, während für die andere Hälfte Stolz ein Gefühl ist, das man nicht haben sollte (Suh, Oishi 2004).

Glück und Glücksvorstellungen entstehen im kulturellen Kontext. Nicht überall hat Glück den gleichen Stellenwert. In den USA hat das Streben nach Glück eine höhere Relevanz als in den meisten anderen Ländern. Das mag daran liegen, dass in der amerikanischen Verfassung „das Streben nach Glück" (*Pursuit of Happiness*) als unveräußerliches Recht verankert ist. In Russland hingegen hat Glück einen geringeren Stellenwert, weil das Leiden als Charakterbildung gesehen wird.

Trotz der Unterschiede zwischen den Kulturen ist das Streben nach Glück eine anthropologische Konstante. Jeder Mensch sucht nach Glück. Unser Gehirn reagiert auf die Erwartung einer Belohnung mit Endorphinen, die ein Glücksgefühl auslösen. Innerhalb kultureller Gruppen gibt es dennoch auch allgemeingültige Anschauungen, was Glück ist. Das zeigt sich am Beispiel Werbung, die vor allem auf Glücksversprechen basiert. Werbung funktioniert, weil sie auf impliziertes Wissen zurückgreift, um möglichst viele Menschen anzusprechen.

Etliche Studien über verschiedene Kulturen hinweg zeigen viele Gemeinsamkeiten auf. Eine Studie über 123 Nationen zeigt, dass eine positive Lebensbewertung von Faktoren abhängt, die universell sind, wie zum Beispiel die Befriedigung von Grundbedürfnissen wie Nahrung und Wohnen oder soziale Bedürfnisse, wie Respekt und Zugehörigkeit (Diener und Oishi 2018). Enge, vertrauensvolle Beziehungen sind in allen Kulturen die wichtigste Voraussetzung für Glück, wobei die Vorstellung, wie Beziehungen aussehen sollten, unterschiedlich sind. Auch ausreichendes Einkommen, mit dem die Grundversorgung gesichert ist, ist für alle Menschen wesentlich für das Wohlbefinden. Eine sinnvolle, befriedigende Tätigkeit trägt auch entscheidend zum Glück bei.

Dennoch ist es schwierig, das Glücksverständnis in verschiedenen Kulturen zu untersuchen, weil bei den Studien oft das Glücksverständnis der westlichen Forscher:innen vorausgesetzt wird. Der Grundkonsens in der Glücksforschung ist, dass Glück in allen Kulturen mehr oder weniger die gleiche Wertigkeit hat: Positive Gefühle werden gegenüber negativen Gefühlen bevorzugt.

Linktipp | In der Dokumentation „Happy" werden Menschen rund um den Globus befragt, wie sie Glück erleben. Ein Rikscha-Fahrer in Kalkutta, eine Dänin in einer Lebensgemeinschaft, Menschen in Bhutan und in Namibia. Dazwischen erklären amerikanische Glücksforscher:innen, wie sie forschen und was ihre Erkenntnisse sind. Ein sehenswerter Film, jedoch etwas unkritisch. Die Prämisse dieses Films ist, dass jeder glücklicher werden kann, unabhängig von den äußeren Umständen. https://www.youtube.com/watch?v=7v86nocw22o

Welche Unterschiede gibt es zwischen kollektivistischen und individualistischen Gesellschaften?

In Nordamerika, einer individualistischen Gesellschaft, ist Glück sehr eng mit dem Erreichen seiner Ziele verbunden, also mit Erfolg und mit dem Selbstwertgefühl, das man daraus zieht. Glück ist in Nordamerika die Folge der eigenen Leistung.

In kollektivistischen Gesellschaften, wie zum Beispiel in vielen asiatischen Ländern, hat die Gemeinschaft höchste Priorität. "Der Nagel, der herausragt wird in das Brett gehämmert", so lautet ein chinesisches Sprichwort. Für Asiat:innen hat es einen hohen Stellenwert, sich der Gemeinschaft anzupassen und sich zu integrieren. Glück wird vor allem dann erlebt, wenn es der Gemeinschaft gut geht. Das persönliche Glück ist untrennbar mit dem Wohlbefinden der Familie, des Freundeskreises oder anderen Gemeinschaften verbunden. Wenn sich ein Individuum zu sehr in den Vordergrund stellt, wird es als Rebellion gegen die Gemeinschaft bewertet. Das individuelle Glück hat deshalb keine so große Bedeutung. Die Suche nach Glück wird eher negativ bewertet, weil es egoistisch und selbstsüchtig erscheint. Individuelles Glück schadet nach diesem Verständnis den sozialen Beziehungen. Wenn jemand seinen eigenen Erfolg oder sein eigenes Glück herausstellt, kann er damit Neid bei anderen wecken. Glück wird als zwischenmenschliches Handeln gesehen, das auf gegenseitige Sympathie und Unterstützung basiert. Glück ist die Verwirklichung sozialer Harmonie.

In individualistischen Gesellschaften zählt das persönliche Glück. Ein häufig zitiertes Sprichwort in Deutschland ist: „Jeder ist seines Glücks Schmied". Jeder ist also selbst für sein Glück verantwortlich. Das hat zur Folge, dass Menschen, die von Armut oder Arbeitslosigkeit betroffen oder unglücklich sind, oftmals nicht viel Verständnis erfahren, sondern ihre Lage als Resultat von zu wenig Anstrengung gesehen wird. In individualistischen Ländern ist das Streben nach Glück ausgeprägter als in asiatischen Ländern. In Umfragen geben Amerikaner:innen häufiger glückliche Gefühle an als Asiat:innen (Suh, Oishi 2004). Andere Studien zeigen, dass Glück für Amerikaner:innen ein sehr intensives Gefühl ist. Für sie ist Glück mit starken Emotionen verbunden, während Chines:innen Glück mit Gleichgewicht und Ausgewogenheit von positiven und negativen Gefühlen in Verbindung bringen. Chines:innen schätzen positive Emotionen mit geringer Erregung wie Ruhe und Zufriedenheit. Für den amerikanisch-europäischen Kulturraum stehen Positives und Negatives im Gegensatz, für den asiatischen Kulturraum ist es eine Ergänzung (Uchida, Norasakkunkit, Kitayama 2004).

Wie wird die Bedeutung des Begriffs Glück in verschiedenen Kulturen erforscht?

Die Bedeutung von Glück kann man beispielsweise durch die Analyse von Wörterbüchern erforschen. In einer Studie wurden Definitionen von Glück in 30 Ländern untersucht, so zum Beispiel auch deutsche und japanische Definitionen. Dabei zeigt sich, dass in 24 dieser Länder (zum Beispiel Japan, Korea, China, Russland) unter Glück vor allem Zufallsglück („good luck and fortune") verstanden wird (Diener und Oishi 2018). In den USA hingegen ist Glück etwas, das die Menschen aktiv anstreben und erreichen können.

Auch Sprichwörter geben einen Einblick in das kulturelle Verständnis. Sie sagen viel über die Bedeutung von Glück aus. Ein chinesisches Sprichwort sagt: „Wenn der Mensch seine Arbeit getan hat, ist der Rest Sache des Himmels." Das deutet auf eine fatalistische Bedeutung von Glück hin. Die Machbarkeit des Glücks ist begrenzt, vieles ist Zufall oder Schicksal. Diese

Haltung steht im Gegensatz zu Ländern wie den USA oder Deutschland, in denen die Menschen selbst für ihr Glück verantwortlich sind. Das wird in dem Sprichwort „Jeder ist seines Glückes Schmied" deutlich. Wenn man seine Ziele erreicht hat, wird es als eigener Verdienst gesehen und man fühlt sich stolz. In Ländern, in denen Glück vor allem als Zufallsglück verstanden wird, ist eher ein Gefühl der Dankbarkeit die Folge, wenn man seine Ziele erreicht hat.

Welche Schwierigkeiten zeigen sich bei der interkulturellen Forschung?

Die Schwierigkeit der interkulturellen Glücksforschung liegt im → Ethnozentrismus. Forscher:innen gehen vom Glücksbegriff ihrer eigenen Kultur aus und übertragen ihr Verständnis von Glück auf andere Kulturen. Auch die Methoden und Messinstrumente entsprechen unserer westlichen Kultur. Wie würden andere ethnische Gruppen Glück definieren? Wäre es überhaupt ein Begriff, den sie verwenden würden? Die meisten Untersuchungen werden in wirtschaftlich wohlhabenden Industrienationen durchgeführt. Deshalb stellt sich die Frage, wie groß die Aussagekraft der Untersuchungen ist, die in Afrika, Südamerika und Asien durchgeführt wurden, die ein anderes Glücksverständnis haben.

In den USA hat Glück einen sehr hohen Stellenwert, was in anderen Kulturen nicht der Fall ist. In Befragungen kann so das Ergebnis entstehen, dass diese Menschen weniger glücklich sind. Eine amerikanische Untersuchung (Oishi 2002) zeigt die kulturelle Prägung hinsichtlich der Bewertung von Glückserlebnissen: Amerikaner und in den USA lebende Asiaten sollten eine Woche lang täglich ihre Aktivitäten dokumentieren und einordnen, wie glücklich sie sich dabei fühlten. Dabei zeigten sich kaum Unterschiede zwischen diesen beiden Gruppen. Als sie einige Zeit später diese Woche bewerten sollten, stuften die Amerikaner im Rückblick ihr Glücksempfinden höher ein als die Asiaten. Die bis dahin geltende Erkenntnis, dass Amerikaner glücklicher seien als Asiaten, wurde dadurch in Frage gestellt.

Das unterschiedliche Verständnis von Glück zeigt sich auch in der Sprache. Im Amerikanischen bezeichnen sich Menschen viel schneller als glücklich als beispielsweise im Deutschen, oftmals auch in Begrü-

ßungsformeln, wenn gesagt wird „I'm happy to see you". Im Deutschen wird das Wort glücklich sparsamer verwendet. Eher verwendet man auch im Deutschen das Wort „happy", weil man damit nicht so tiefe Gefühle verbindet wie mit dem Wort „glücklich".
Die Befragungen in verschiedenen Nationen, wie glücklich sich die Menschen einstufen, ist daher zu hinterfragen. So ergeben viele Studien, dass Menschen in individualistischen Gesellschaften glücklicher sind als in kollektivistischen Gesellschaften. Dieses Ergebnis überrascht nicht, denn die Art und Weise, wie Glück konzipiert wird, ist bereits individualistisch. Zudem stellt sich die Frage, wie glücklich die US-Amerikaner:innen tatsächlich sind. In kaum einem anderen Land werden so viele Psychopharmaka genommen und therapeutische Hilfe gesucht wie in den USA.

Welche Länder sind am glücklichsten?

In der Glücksforschung werden die Glücksumfragen, die in verschiedenen Ländern angestellt werden, miteinander verglichen. Bei der Frage, wo die glücklichsten Menschen leben, belegen Dänemark, Island, Schweiz und Finnland die vordersten Plätze. Finnland hat im → World Happiness Report 2022 den ersten Platz mit 7.8 Punkten, gefolgt von Dänemark, Island und der Schweiz. Deutschland belegt den 14. Platz mit 7.0 Punkten. Finnland gilt demnach als glücklichste Nation. Gleichzeitig hat Finnland eine viel höhere Selbstmordrate als Deutschland, wie die WHO (World Health Organisation) ermittelt. Und auch Depressionen und Alkoholismus kommen häufiger vor, wobei es in Finnland weniger „arme" Alkoholiker gibt, denn Alkohol ist sehr teuer. Es ist also fraglich, wie aussagekräftig dieses Ranking ist.

Die Dänen stehen im → World Happiness Report an zweiter Stelle. Sie werden häufig als Vorbild gesehen. In Dänemark gibt es einen der höchsten Steuersätze der Welt. Damit soll ein Wohlstand geschaffen werden, der die allgemeinen Unsicherheiten und Besorgnisse der Bürger:innen reduziert. So ist auch die Bildung kostenlos. Doch das trifft weitgehend auch auf Deutschland zu. Es stellt sich deshalb die Frage, ob die Menschen in Finnland und Dänemark mehr dazu neigen, sich als glücklich zu bezeichnen als beispielsweise die Menschen in Deutschland, wo man sich eher zurückhaltend über → Zufriedenheit äußert. Kann mit einer knappen Selbsteinschätzung erfasst werden, wie glücklich sich ein Mensch fühlt? Die Aussagekraft dieser Studien sollte man nicht zu hoch einschätzen. Zudem werden die regionalen Vergleiche über Mittelwertsunterschiede errechnet. Und der Mittelwert ist nicht real, sondern berechnet (Mayring und Rath 2013, S. 61). Einzelne Ausreißer können damit zu einem falschen Ergebnis führen. Ein Beispiel aus einem anderen Bereich veranschaulicht dies: Die durchschnittliche Lebenserwartung im Mittelalter wird mit 40 Jahren angegeben. Tatsächlich sind die wenigsten Menschen mit 40 Jahren gestorben. Wenn sie nicht als Neugeborenes oder als Kind, als junge Mutter im Kindbett oder als Soldat im Krieg gestorben sind, erreichten sie häufig ein Alter von 70 Jahren.

Linktipp | Die Ergebnisse der weltweiten Befragungen werden im World Happiness Report dargestellt. Der Bericht listet die Länder nach Zufriedenheitswerten auf und stellt die Forschungsmethoden, die Entwicklungen und die beeinflussenden Faktoren vor: https://worldhappiness.report/ed/2022/

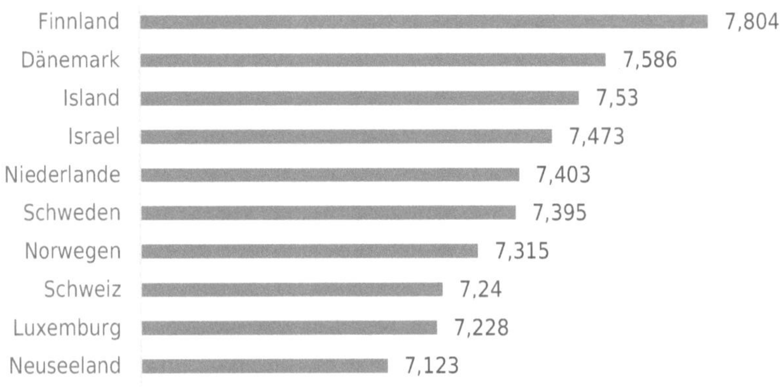

Der World Happiness Report beruht auf zahlreichen Glücksumfragen. Dabei werden die befragten Menschen gebeten, ihr Leben auf einer Skala von 0 bis 10 zu bewerten. 10 steht dabei für das bestmögliche, 0 für das schlechtestmögliche Leben.
Die Grafiken zeigen die Länder mit den 10 höchsten und den 10 niedrigsten Werten. Deutschland liegt in diesem Ranking auf Platz 16, Österreich auf Platz 11.

Die 10 Länder mit den unglücklichsten Menschen

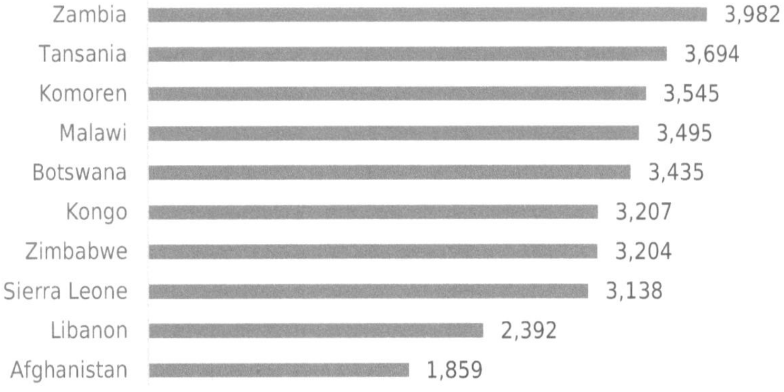

Abb. 1 | Länderranking aus dem World Happiness Report (eigene Darstellung nach https://happiness-report.s3.amazonaws.com/2023/WHR+23.pdf)

Sind reiche Nationen glücklicher als arme Nationen?

Reiche Nationen sind glücklicher als arme – das ist das Ergebnis vieler Studien. Darauf deutet auch das Glücksranking hin, bei dem wohlhabende Nationen die vorderen Plätze belegen. Andere Studien zeigen, dass das durchschnittliche Glücksempfinden bei armen Ländern sehr schnell ansteigt, wenn sich das Einkommen erhöht. Wenn jedoch ein Einkommen von etwa 15.000 Dollar pro Kopf erreicht ist, steigt das Glücksempfinden kaum mehr an, wenn man mehr verdient (Binswanger 2019, S. 25).

Der Konsens ist heute jedoch, dass das Subjektive Wohlbefinden der Nationen eng damit zusammenhängt, ob die Bewohner ihr Leben nahe an ihrem Ideal leben können (Diener, Oishi und Tay 2018). So hat es auch einen Einfluss auf das Glückserleben, wenn man entscheiden kann, wie man seine Zeit verbringt. In Industrienationen ist dies häufig weniger der Fall, was sich negativ auf das Glück auswirkt. Von daher sind die Unterschiede zwischen den Ländern manchmal nicht so gravierend. Auch die → Zufriedenheit mit der finanziellen Situation ist in ärmeren Ländern teilweise größer als in Industrienationen. Daneben ist die religiöse Anbindung in ärmeren Nationen oftmals enger, was sich ebenfalls positiv auf das Glück auswirkt.

Die Gemeinsamkeit, die in den meisten Ländern positiv mit dem Subjektiven Wohlbefinden korrespondiert, sind finanzielle Zufriedenheit, Familienzufriedenheit und Arbeitszufriedenheit. Allerdings variiert das Ausmaß von Land zu Land, was zum Teil auf die unterschiedliche Zuverlässigkeit und Gültigkeit der Messungen zurückzuführen ist, aber auch aufgrund von kulturellen Werten und Normen (Diener, Oishi und Tay 2018).

Sind Frauen und Männer gleich glücklich oder gibt es Unterschiede?

Die empirischen Studien zeigen, dass sich das Subjektive Wohlbefinden zwischen Frauen und Männern kaum unterscheidet. In manchen Studien ist der Mittelwert gleich, aber das Glücksempfinden bei Frauen schwankt mehr als bei Männern (Brockmann 2013). Frauen und Männer sind also ähnlich zufrieden, aber was sie zufrieden macht, unterscheidet sich leicht. Frauen in Führungspositionen sind weniger zufrieden als Männer in Führungspositionen. Der Grund liegt vermutlich darin, dass für Frauen die Vereinbarkeit von Familie und Beruf schwieriger ist als für Männer. Das

Subjektive Wohlbefinden hängt bei Männern mehr vom sozialen Status und ihrem Beruf ab, während für Frauen Familie und soziale Beziehungen einen großen Einflussfaktor haben. Das zeigt auch die Studie von Martin Schröder, der sich auf Daten von Deutschland bezieht (Schröder 2020): Demnach sind Väter, die länger arbeiten, zufriedener, während das bei Frauen nicht der Fall ist. Kinder hingegen haben keinen unterschiedlichen Einfluss auf das Glücksempfinden von Frauen und Männern.

Auch in unserer Studie über Glückserlebnisse (Braun 2013) zeigten sich keine wesentlichen Unterschiede zwischen Frauen und Männern. Für beide Geschlechter waren die Glückserlebnisse am häufigsten mit Freundschaft und Familie verbunden. Im Unterschied zu Männern, die in den Glückserlebnissen vor allem ihre Partnerin und Kinder nannten, berichteten Frauen auch von Glückserlebnissen mit Freundinnen, was darauf hindeutet, dass Frauen mehr tiefe soziale Beziehungen haben. Berufe und Erfolgserlebnisse waren Frauen und Männern gleichermaßen wichtig.

Welchen Einfluss hat Religion auf das Glück?

Religiöse Menschen sind glücklicher, ergeben viele Studien (Ferriss 2002). Zwar werden die meisten Studien in den USA durchgeführt, wo die Religion eine sehr große Rolle im Leben vieler Menschen spielt, doch zeigen auch andere Studien, dass Religion einen positiven Einfluss auf das Subjektive Wohlbefinden hat. Eine deutsche Studie, die vom Institut für Demoskopie Allensbach durchgeführt wurde, zeigt, dass die meisten Menschen in einer allgemeinen Einschätzung dem Glauben zwar keine große Bedeutung als Glücksquelle beimessen. Doch wenn religiöse Menschen nach ihren Einstellungen gefragt werden, ergibt sich ein anderes Bild: „So treten Glückserlebnisse – entgegen weit verbreiteten Annahmen – bei religiös orientierten Menschen signifikant häufiger auf als bei religiös Indifferenten oder überzeugten Atheisten.“ (Identity Foundation 2002).

Auch Martin Schröder zeigt anhand der Daten des → Sozio-oekonomischen Panels, dass religiöse Menschen glücklicher sind (Schröder 2020, S. 201). Katholik:innen und Protestant:innen sind laut der Daten zufriedener als Menschen, die nie einer Religion angehörten. Anhänger:innen des Islam sind etwas unzufriedener als Nichtgläubige, was aber an ihrem Einkommen liegt, erklärt Schröder. Wenn man Menschen mit gleichem Einkommen vergleicht, sind auch Muslim:innen glücklicher. Das heißt: Religion macht insgesamt glücklicher.

Als Gründe, warum religiöse Menschen glücklicher sind, nennt die amerikanische Glücksforscherin Sonja Lyubomirsky verschiedene Faktoren (Lyubomirsky 2008): Glaube gibt ein Gefühl der Zugehörigkeit, weil man in einer Gemeinschaft eingebunden ist. Religiöse Menschen kommen mit Schicksalsschlägen besser zurecht, weil sie einen Sinn hinter dem sehen, was in ihrem Leben geschieht. Sie pflegen ihr Familienleben und haben oftmals einen gesünderen Lebensstil. Auch die Vergebungsbereitschaft und Nächstenliebe wirken sich positiv aus, ebenso wie die religiöse Praxis wie Meditation, Rituale und Feste. Auch Dankbarkeit, oft in Form von Dankesgebeten, fördern positive Emotionen.

Negative Auswirkungen hat Religion auf Menschen, die ihr Leben passiv in Gottes Hand legen oder an einen fernen, strafenden Gott glauben.

Was bei den Studien oftmals zu wenig berücksichtigt wird, ist das unterschiedliche Glücksverständnis in den einzelnen Religionen. Im Buddhismus ist Glück zentral, aber „Glück ist nicht die lustvolle Empfindung im Unterschied zur Unlust, sondern das Aufhören von Empfindungen überhaupt." (Brück von 2011, S. 344). Es ist die Befreiung von der Wechselhaftigkeit der Emotionen und von äußeren Einflüssen. Glück ist im Buddhismus ein Bewusstseinszustand, der durch Achtsamkeit und Meditation angestrebt wird. Im Islam wird das höchste Glück im Paradies gesehen, der Ort der ewigen → Glückseligkeit. Er verspricht auch ein gutes Leben im Diesseits als Lohn Gottes, wenn man den Glaubensweg folgt (Schulze 2011). Im Judentum spielt Glücksstreben keine dominante Rolle, denn es geht vor allem darum, Gott zu dienen und die religiösen Regeln einzuhalten, um dadurch Erfüllung zu finden (Grözinger 2011). Dennoch hat der jüdische Glaube vielfältige Ausprägungen, wie das gute Leben aussieht. Das Glück findet sich vor allem darin, als Ebenbild Gottes geschaffen zu sein.

In allen Religionen bietet Glauben eine Antwort auf die Sinnfrage und hat damit meist positive Auswirkungen auf das Glücksempfinden.

Inzwischen gibt es sogar eine neue Religion, die Glück zum Inhalt hat. „Happy Science" (japanisch: Kofuku no Kagaku) ist eine religiöse Bewegung, die 1986 in Japan von Ryuho Okawa gegründet wurde. Sie enthält Elemente aus dem Buddhismus und von New Age. Die vier Grundprinzipien sind Liebe, Weisheit, Selbstreflexion und Fortschritt. Heute ist diese Religionsgemeinschaft in über 60 Ländern vertreten und hat Hunderttausende von Mitgliedern (Grillmayer 2013).

Was vermitteln Märchen über Glück?

Märchen sind ein wichtiges Kulturgut. In allen Ländern, Nationen und Kulturen sind Geschichten prägend. „Mär“ bedeutet ursprünglich Erzählung. Sie wurden meist mündlich weitergegeben. Märchen waren Geschichten für Erwachsene, bevor sie von Jakob und Wilhelm Grimm zu „Kinder- und Hausmärchen“ umgeschrieben wurden und in den Kinderzimmern Eingang gefunden haben.

Im Märchen ist Glück ein zentrales Thema. Dabei spielen Glücks*gefühle* kaum eine Rolle, sie werden im Märchen kaum geäußert. Es geht mehr darum, um Glück finden, zu haben und darum, dass die Märchenfiguren ihr Ziel erreichen. Die Schlussformel lautet häufig: „... und sie lebten glücklich und zufrieden bis an ihr Lebensende.“ Oftmals machen sich die Märchenfiguren auf den Weg, um ihr Glück zu suchen. Das Glück wird durch Tugendhaftigkeit oder Mut verdient wie beim Märchen „Die Sterntaler“, in dem ein armes Waisenmädchen in die Welt hinauszieht und dabei das Wenige, das sie hat, an Bedürftige gibt. Als Lohn fallen Sterne in Form von Silbertalern über sie. Glück bedeutet im Märchen meist Reichtum, oftmals auch Gold. Das zeigt sich auch bei dem Märchen „Frau Holle“, wenn Goldmarie für ihren Fleiß belohnt und Pechmarie für ihre Faulheit bestraft wird. Pech wird damit als Gegensatz zum Glück (Gold) dargestellt.

Im Märchen werden oft Lebensweisheiten vermittelt, so auch über Glück. Das Märchen vom Fischer und seiner Frau erzählt von einem armen Fischer, der einem verzauberten Prinzen das Leben rettet und sich etwas wünschen darf. Doch die Frau fordert immer mehr und ihre Wünsche werden immer größer, bis sie am Schluss wieder alles verliert. Das Märchen zeigt, dass die Erfüllung der Wünsche nur kurzfristig glücklich macht, aber bald darauf wieder die Unzufriedenheit überhandnimmt und neue Wünsche entstehen.

Ein ganz anderes Verständnis von Glück zeigt sich in dem Märchen „Hans im Glück“. Hans hat in der Fremde durch seine Arbeit einen Goldklumpen verdient. Auf dem Weg nach Hause zu seiner Mutter tauscht er seinen Goldklumpen gegen immer weniger Werte ein, so dass er am Schluss nichts mehr hat. Dennoch fühlt er sich bei jedem Tausch befreit und ist selbst am Schluss glücklich, als er alles verloren hat. Hans wird oft als dumm und naiv gesehen, weil er sich auf Tauschgeschäfte einlässt, die ihm finanzielle Nachteile bringen. Doch Hans ist glücklich, weil der Tauschhandel seine Bedürfnisse erfüllt, die er im jeweiligen Moment hat. Das funktioniert nur, weil Hans sehr im Moment lebt und weder nach der Vergangenheit noch nach der Zukunft fragt. Er stellt keine Vergleiche zu vorher und nachher. Als er am Schluss auch noch seinen letzten Tausch verliert, fühlt er sich leicht und ruft aus: „So glücklich wie ich gibt es keinen Menschen unter der Sonne!“ Das Märchen ist auch als Beispiel des positiven Denkens zu deuten. Alles, was einem widerfährt, ob Gutes oder Schlechtes, wird als sinnvoll und vorteilhaft bewertet.

Literaturtipp | In diesem Band sind die Vorträge einer Ring-Vorlesung gesammelt, die Märchenglück von verschiedenen wissenschaftlichen Disziplinen betrachten, wie beispielsweise Literatur- und Kulturwissenschaft, Ethnologie und Kunstgeschichte: Ehlers, Swantje (Hg.): Märchen-Glück. Glücksentwürfe im Märchen. (Schriftenreihe Märchen-Stiftung Walter Kahn; 4). Baltmannsweiler: Schneider 2005.

Ist Glück historisch unveränderlich?

Das, was unter Glück verstanden wird, variiert in jeder Epoche. Glück ist sehr eng mit dem Zeitgeist verbunden. Das Glücksverständnis von Aristoteles zum Beispiel war nicht so subjektivistisch gedacht wie heute. Bei Aristoteles ging es nicht darum, wie man sich fühlt. Für ihn war Glück kognitiv fassbar und ein erstrebenswertes Handlungs- und Lebensziel.

Das Verständnis von Glück hängt von unterschiedlichen Faktoren wie Lebensbedingungen, religiöse oder philosophische Strömungen ab. Die kirchliche Auffassung beispielsweise prägte jahrhundertlang die Vorstellung, dass das diesseitige Glück oberflächlich sei und das jenseitige Glück, die → Glückseligkeit, erstrebenswert. Um dies zu erreichen, musste man ein gottgefälliges Leben führen. Mit der Aufklärung änderte sich auch die Zuständigkeit für ein gelingendes Leben. Das eigene Leben war nicht mehr gottgewolltes Schicksal, sondern man war selbst verantwortlich, „sein Glück zu machen“, wobei mit Glück nicht das Gleiche gemeint war wie heute. In früheren Zeiten, als die Menschen noch mehr mit Armut und Krankheit zu kämpfen hatten, bedeutete Glück die Abwesenheit von Leid. Erst als sich die Lebensbedingungen im 19. Jahrhundert verbesserten, gewann auch die Frage nach Glück an Bedeutung. Das Streben nach individuellem Glück ist ein modernes Phänomen. Die Suche nach Glück entsteht dann, wenn lebenswichtige Bedürfnisse erfüllt sind, wenn man sich keine Sorgen um

Essen, Wohnen und Sicherheit machen muss. Ein Blick in die Geschichte zeigt, dass für die Mehrheit der Menschen das Leben darin bestand, für das tägliche Überleben zu sorgen. Das war ihr Streben nach Wohlbefinden. Der Schriftsteller Theodor Fontane (1819–1898) antwortete auf die Frage, was Glück sei: „Eine Grießsuppe, eine Schlafstelle und keine körperlichen Schmerzen – das ist schon viel."

Die heutigen ökonomischen, gesellschaftlichen und politischen Gegebenheiten bieten ganz andere Anknüpfungspunkte. Heute sind die Lebensbedingungen von reichen Industrienationen meistens so gut, dass das Glücksstreben nicht auf eine gute Versorgung abzielt, sondern auf die Frage nach Sinn.

Was sagen Glückssymbole über Glück aus?

Glückssymbole zeigen anschaulich, wie sich die Bedeutung von Glück verändert hat. Glück wurde als schicksalhaft gesehen. In Zeiten, in denen die Menschen für vieles noch keine wissenschaftlichen Erklärungen hatten, spielten → Glückssymbole eine wichtige Rolle, um das Schicksal zu deuten oder zu beeinflussen. Außerdem hatten die Glücksbringer einen religiösen Bezug. Der Marienkäfer, nach Maria benannt, wurde als Himmelsbote gesehen. An den Punkten konnten junge Mädchen beispielsweise ablesen, in wie vielen Jahren sie heiraten würden. Auch das vierblättrige Kleeblatt hatte durch seine Form, die an ein Kreuz erinnert, einen religiösen Bezug (Harmening 2009). Es zeigt auch die Bedeutung, die damit verbunden ist. Ein vierblättriges Kleeblatt ist eine Seltenheit. Man findet es zufällig oder nach langer und geduldiger Suche. So wurde auch das Glück gesehen. Glück war das Besondere im Leben. Heute hingegen kauft man das Kleeblatt im Laden, meistens im Topf. Auch das sagt viel über Glück aus: Es soll ständig verfügbar sein und es ist käuflich. Auch wenn dem viele widersprechen würden, dass Glück käuflich ist, so suchen Menschen, oft unbewusst, Glück in materiellen Dingen.

Auch das Hufeisen sagt viel über den Wandel des Glücksverständnisses aus. In vergangenen Zeiten wurde das Hufeisen oftmals mit der Öffnung nach unten aufgehängt (Raff 1999). Damit sollte das Böse, das von unten kommt, abgehalten werden. Das Hufeisen wurde auch an der Türschwelle mit der Öffnung nach außen befestigt, damit das Böse nicht ins Haus hineinkommt. Das Hufeisen als Glücksbringer hatte also eine Schutzfunktion.

Es sollte Leid verhindern. Heute hängen wir das Hufeisen mit der Öffnung nach oben. Damit soll das Glück eingefangen werden und wenn es drin ist, soll es auch nicht mehr herausfallen. Das zeigt, dass wir das Glück gewinnen und festhalten möchten.

Können Tiere glücklich sein?

Tiere haben in der westlichen Kultur eine hohe Bedeutung. Zwar werden immer noch Tiere unter schlechten Bedingungen gehalten, aber zunehmend wird dem Tierwohl mehr Beachtung geschenkt und viele verzichten inzwischen auf Fleisch und ernähren sich vegetarisch oder vegan.

In Deutschland und vielen anderen westlichen Nationen ist das Haustier zum Freund des Menschen geworden. Hund und Katze werden umsorgt, mit teurer Tiernahrung gefüttert und beim Hundefriseur gepflegt. Die Besitzer:innen möchten, dass ihr Haustier glücklich ist. Doch können Tiere Glück spüren? Oder ist es nicht viel mehr ein Wunsch des Menschen? Ein Ausdruck der eigenen Bedürfnisse? Erleben Tiere Glück, wenn ihre Bedürfnisse erfüllt sind, sie Belohnung erwarten oder sie Wohlgefühl ausdrücken, beispielsweise wenn eine Katze schnurrt oder ein Hund mit dem Schwanz wedelt?

Früher empfanden Wissenschaftler:innen, die sich mit dem Charakter und der Intelligenz von Tieren beschäftigten, es als riskant und naiv, sich mit dem Glück von Tieren zu beschäftigen, weil man menschliche Wertvorstellungen auf Tiere überträgt (Wemelsfelder 2011). Doch vor ungefähr 20 Jahren hat die Wissenschaft begonnen, über kognitive Fähigkeiten und Emotionen von Tieren zu forschen.

Im 19. Jahrhundert setzte sich durch die Evolutionstheorie von Charles Darwin die Erkenntnis durch, dass auch Tiere empfindungsfähig sind. Georges Romans setzte 1885 die Tierpsychologie als wissenschaftliche Disziplin durch (Wemelsfelder 2011, S. 364). Dennoch war dieser Forschungszweig eine Randerscheinung in einer Gesellschaft der industrialisierten Landwirtschaft und der medizinischen Forschung. Man kümmerte sich darum, den Tieren Leid zu ersparen, aber nicht um ihr Wohlbefinden. Forscher:innen, die mit Tieren in ihrer natürlichen Umgebung zusammenlebten, wie z. B. Jane Godall, beschreiben Tiere als intelligente Wesen mit komplexen Persönlichkeiten. Aufgrund der neuen Forschungserkenntnisse der Neurowissenschaften kann man mehr Erkenntnisse über Bewusstsein und Emotionen von Tieren gewinnen und über Gefühle wie Angst, Frustration, Langeweile und Vorlieben forschen. Bis vor kurzem lag der Fokus auf den Auswirkungen von Mangelsituationen, also auf der Frage, was den Tieren fehlt. Inzwischen richtet sich das Interesse auf die positiven Aspekte des Wohlergehens. Entscheidend für das Wohlbefinden der Tiere ist, aktiv zu sein, Kompetenzen einzusetzen und wählen zu können, wie ihre täglichen Bedürfnisse erfüllt werden, wobei auch gelegentliche Stresssituationen und Frustrationen notwendig sind. Glück bei Tieren sei nicht nur ein Gefühl, sondern eine Lebensweise.

Um das Glück bei Tieren zu erforschen, sind nicht in erster Linie Messungen hilfreich, sondern Geduld, aufmerksame Beobachtung und Zuwendung, um dem Tier die Möglichkeit zu geben, sich auszudrücken. Bei der Charakterisierung der Ausdrücke von Tieren werden Begriffe wie entspannt, zufrieden, lebhaft, glücklich, angespannt, ängstlich, aufgeregt und gestresst verwendet und in einer Messskala quantifiziert. In langjähriger Forschung wurde festgestellt, dass die ganzheitlichen Einschätzungen wissenschaftlich gültig und belastbar sind. Selbst wenn Fehler gemacht werden und Ausdruckverhalten missdeutet werden kann, sollte nicht die Forschung von Glück bei Tieren verworfen, sondern die Methoden verbessert werden.

Literaturtipp | Die Philosophin und Tiertrainerin Vicki Hearne geht davon aus, dass Glück nicht nur eine menschliche Erfahrung ist. In der Begegnung mit Menschen zeigen Tiere eine Vielfalt an Empfindungen. Die Welt der Tiere und die des Menschen verbinden sich. Aus der Nähe entsteht Verständnis, Glück oder besser gesagt, freundliche Zuneigung. Hearne, Vicki and Marshall Thomas, Elizabeth: Animal Happiness: Moving Exploration of Animals and Their Emotions – From Cats and Dogs to Orangutans and Tortoises. New York: Skyhorse 2007.

War Glück schon immer wichtig im Leben der Menschen?

Das Streben nach Glück ist eine anthropologische Grundkonstante des menschlichen Daseins. Es liegt in der Natur des Menschen. Schon Aristoteles sagte, dass alle Menschen glücklich sein wollen. Was aber unter Glück verstanden wird, ist in den verschiedenen Epochen der Geschichte unterschiedlich. Nicht immer ist es ein Wohlbefinden, wie wir es heute verstehen.

So kann auch im Leiden Glück gefunden werden, weil es einem Sinn dient. In verschiedenen Epochen herrschte das religiöse Verständnis, dass man im Leiden an dem Leiden Jesu teilhat und nach dem Tod ewige → Glückseligkeit erlangt. Im 18. Jahrhundert fand man Glück in der →Melancholie, weil es tiefgründigere Gefühle versprach als oberflächliche Heiterkeit. Victor Hugo beschrieb → Melancholie als das Glück, traurig zu sein. Es zeugte von Tiefgang und war eine Stimmungslage, die kultiviert wurde. Besonders Künstler und Intellektuelle gaben sich der → Melancholie hin, aus der sie ihre Kreativität, ihre Werke und Gedanken entwickelten. Glücklich zu sein hingegen galt als ein oberflächliches Gefühl, das verhinderte, sich tiefergehend mit seiner Umwelt und dem Leben auseinanderzusetzen.

Welche Bedeutung Glück im Leben der einfachen Menschen in früheren Jahrhunderten hatte, ist schwer zu sagen, weil schriftliche Zeugnisse fehlen. Der Großteil der Menschen im Mittelalter musste für das tägliche Überleben sorgen. Sie hatten weder die Zeit noch Schreibmaterial und auch nicht das Können, um zu schreiben. Die meisten hatten, wenn überhaupt, nur Grundkenntnisse im Lesen und Schreiben. Eine der wenigen Ausnahmen ist die Dienstmagd und Hebamme Christina Gabriel um 1800 (Gabriel 1999). Sie schrieb eine Biografie, um sich ihren Kummer von der Seele zu schreiben. Darin erzählt sie auch über die Leichtigkeit des Glücks, das sie als junge Frau empfand. Sie erzählt von ihrer erfüllenden Arbeit in einem Schloss in einer angenehmen Arbeitsatmosphäre und umworben von Verehrern. Das änderte sich jedoch, als sie einen Mann heiratete, der spielsüchtig war. Sie erlebte tiefes Unglück, aber empfand Glück im Sinne von Halt und Geborgenheit in ihrem Glauben zu Gott.

Was wir über die Bedeutung von Glück im Leben der Menschen wissen, erfahren wir vor allem von Menschen, die sich nicht um das alltägliche Leben sorgen mussten, wie Philosophen und Gelehrte. Sie konnten über Glück nachdenken und darüber schreiben.

Literaturtipp | Das Buch gibt einen sehr interessanten Einblick in die Gefühlswelt einer einfachen jungen Frau um 1800. Eine offene und sehr lesenswerte Lebensgeschichte. Gabriel, Christina: Meine Lebensgeschichte. Die autobiographische Lebensbeschreibung einer Dienstmagd, Näherin und Hebamme im Herzogtum Westfalen um das Jahr 1800. Dokumentation eines bewegten Frauenlebens mit zeitgeschichtlichen Hintergründen. Arnsberg: Verlag F. W. Becker 1999.

Welches Verständnis hatten die antiken Philosophen von Glück?

Demokrit (459–ca. 380 v. Chr.) ist einer der ersten, der sich mit Glück auseinandersetzte. Das Glück wohnt in der Seele und nicht im Wohlstand, war seine These. Zufriedenheit oder „Wohlgestimmtheit" erreiche man durch Mäßigung und Zurückhaltung. Man solle nicht über das grübeln, was man nicht hat oder diejenigen beneiden, die mehr haben, sondern sich über das freuen, was man hat. Lebenskunst drücke sich in einer heiteren Gelassenheit aus. Eine solche Haltung könne man lernen.

Auch bei Platon (428/27–348/47 v. Chr.) ist ein enger Zusammenhang von Glück und Tugendhaftigkeit zu sehen. Wer in Übereinstimmung mit sich selbst lebt und sich vom richtigem Handeln leiten lässt, ist unabhängig vom Urteil anderer und kann seinem guten Dämon im Sinne von → Eudaimonia folgen (Mayring und Rath 2013, S. 14f). Das vollendete Glück erreiche man aber erst nach dem Tod, auf der Insel der Glückseligen. Dort würden aber nur Wenige hingelangen, nämlich nur die Philosophen, die als Gebildete dem Schlechten widerstehen könnten (Meck 2003, S. 40).

Aristoteles (384–322 v. Chr.) definiert in seiner Glücksphilosophie (Nikomachische Ethik) Glück auf dreifache Weise:

1. Glück heißt, tugendhaft tätig zu sein, gut und richtig zu leben.
2. Glück wird um seiner selbst willen angestrebt, es trägt also sein Ziel in sich.
3. Ein glückliches Leben ist ein vollendeter Zustand, der nichts Weiteres benötigt.

Dabei versteht Aristoteles unter Glück nicht nur ein vorübergehendes Wohlgefühl, sondern eine Dauerhaftigkeit. Freundschaft hat für Aristoteles einen sehr hohen Wert. Kinder, Frauen und Sklaven als Nichtpersonen hielt Aristoteles für nicht glücksfähig. Tugendhaftes Verhalten setzt Einsicht voraus, die bei Kindern noch nicht vorhanden ist (Mayring und Rath 2013, S. 18).

Epikur (341–270 v. Chr.) beschäftigte sich ausgiebig mit Glück. Er wird auch als Gartenphilosoph bezeichnet, weil er philosophische Gespräche in einem Grundstück mit Garten abhielt. „Freund, das ist ein guter Ort: hier wird nichts mehr verehrt als das Glück" (zitiert in Meck 2003, S. 45). Für Epikur fand das Glück im Diesseits statt, weil er an kein Jenseits glaubte. Man brauche keine Angst vor den Göttern und Machthabern zu haben. Viel wichtiger sei es, Erfüllung im Jetzt zu finden. Man sollte deshalb auch nichts aufschieben. Epikur fragte, was Glück für den einzelnen Menschen bedeutet und wie er das Glück erreichen könnte. Er sah Glück in einem angstfreien Dasein und in der Entfaltung des eigenen Lebens. Glück war für Epikur nicht unbegrenzter → Hedonismus, sondern eine auf Vernunft begründete Daseinsfreude. Er sagte, für das Glück brauche man nicht mehr als einen Gerstenkuchen und einen Krug Wasser (Cederström 2019, S. 12). Das Glück zu gewinnen, bedeutet für Epikur auch Maß halten oder Verzicht. Er schätzte Wein und gute Gespräche. Aber um gute Gespräche zu führen, müsse er seinen Weinkonsum beschränken.

Die Epikureer, die seine Lehren weitertrugen, reduzierten jedoch seine Lehren oftmals auf das Streben nach reinem Lustgewinn und ignorierten die Vernunft und Tugend, die Epikur mit Glück verband.

Literaturtipp | Dieses Buch erzählt die Ideengeschichte des Glücks, die wandelnden Auffassungen von Glück in der Philosophie, Theologie und Wissenschaft: Meck, Sabine: Vom guten Leben. Eine Geschichte des Glücks. Darmstadt: Primus 2003.

Welche Bedeutung hatte das Glück im Mittelalter?

Nachdem sich im 4. Jahrhundert n. Chr. das Christentums ausbreitete, verloren die Glückslehren der antiken Philosophen an Bedeutung. Was Glück ist, wurde stark von der Theologie bestimmt. Im Mittelalter waren die Lehren der Kirche vorherrschend. Der griechische Begriff → *eudaimonia* wurde in *beatitudo* (→ Glückseligkeit) übersetzt. Nicht mehr das Glück im Diesseits stand im Mittelpunkt, sondern die → Glückseligkeit im Jenseits. Gott bedeutet das höchste Glück. Wirkliche Gottesnähe erleben die Menschen nach dem Tod, sofern sie ein gottgefälliges Leben führen. Das kurze, oberflächliche Glück auf Erden wurde als Hindernis zum ewigen Glück im Jenseits gesehen. Die Lehren von Augustinus (354–430 n. Chr.) waren grundlegend für das Verständnis von Glück in der Kirche. Er ging wie Aristoteles davon aus, dass das Handeln der Menschen davon bestimmt ist, glücklich zu werden. Alle Menschen streben nach Glück. Doch sie finden es nicht in materiellen Genüssen, sondern in der Hinwendung zu Gott.

Eine Wende vom jenseitigen Glück wieder zum diesseitigen Glück brachte einige Jahrhunderte später Thomas von Aquin (1225–1274) in die theologische Glücksdiskussion. Neben *beatitudo* (→ Glückseligkeit) nennt er auch *felicitas*, das in philosophischen Schriften mit dem irdischen Glück verbunden wird. Mit *felicitas* meint Thomas von Aquin ein gelingendes Leben. Zwar stand er in der mittelalterlichen theologischen Denktradition, wonach vollkommenes Glück – Glückseligkeit *(beatitudo)* – nur bei Gott im Jenseits gefunden werden kann, doch mit dem Begriff *felicitas* hat von Aquin dem Leben im Diesseits eine neue Wertigkeit gegeben. Durch die Erkenntnis des Guten und das Streben nach Glückseligkeit ist bereits ein Glück auf Erden möglich.

Wie hat sich das Glücksverständnis seit der Neuzeit gewandelt?

Die Neuzeit umfasst den Zeitraum ab der zweiten Hälfte des 15. Jahrhunderts bis zur Französischen Revolution 1789. In dieser Zeit ist das Glück zunehmend in die eigene Verantwortung gerückt. Jeder ist für sein Glück selbst verantwortlich. Dennoch stand Glück immer noch eng im Zusammenhang mit der Kirche und dem christlichen Glauben. Um glücklich zu werden, war ein gottgefälliges Leben die Voraussetzung. Die uneingeschränkte Herrschaft der Kirche bröckelte mit der Reformation. Mit Martin Luther (1483–1546) wuchs ein neues Verständnis von Glück, das sich nicht nur auf das Jenseits bezog, sondern im Diesseits erstrebt werden sollte. Das Glück würde man in der irdischen Pflichterfüllung finden, so lautete die Verheißung. Die Protestantische Ethik führte zu einem neuen Arbeits- und Berufsethos. Beruf war für Luther zunächst Berufung, aber er weitete diesen Begriff auf die irdische Arbeitswelt aus. Glück erlangte man durch Arbeit, Fleiß und Tüchtigkeit. Es basiert auf der Eigenverantwortlichkeit des Einzelnen. Das Himmelreich musste man sich auf der Erde erarbeiten, auch wenn der Erfolg vom Wohlgefallen Gottes abhing. Jeder sollte seine Pflicht an dem Platz erfüllen, an den ihn Gott gestellt hatte. Dann würde er sein Glück finden.

Montaigne (1533–1592) ist im nachmittelalterlichen Europa einer der Ersten, der Glück außerhalb der Theologie verortete. Für ihn hing Glück nicht von einem gottgefälligen Leben ab. Er knüpfte an die Konzepte der antiken Philosophen über Glück und Lebenskunst an. Im Gegensatz zum kirchlichen Glücksverständnis stand bei ihm das Glück im Diesseits im Zentrum. Montaigne deutet zwar an, dass das Leben seinen Sinn in sich selbst hat, aber er hält sich mit zweifelnden Äußerungen über das Jenseits zurück, um nicht in die Fänge der Inquisition zu geraten. Glück ist für Montaigne sinnlich erfahrbar und in der Gegenwart erlebbar. Er betont, dass man nicht zwanghaft nach Glück streben sollte, weil man die Glücksmöglichkeiten nicht mehr wahrnimmt. Vielmehr solle man das Glück beachten, das auf unserem Weg liegt. Dazu gehört die Wertschätzung von sich selbst, von Freundschaft und Liebe und von den eigenen Erfahrungen. Tugendhaftes Leben ist für Montaigne ein Leben, das nichts Zwanghaftes hat, sondern die Entfaltung des Menschen zu seiner eigenen Bestimmung meint. Der Weg zum Glück sei ein naturgemäßes Leben.

Die Selbstbestimmung zeigt sich auch bei John Locke (1632–1704). Für ihn ist das Glück ein Maximum an Vergnügungen, Lust und Angenehmen. Das Handeln der Menschen sei durch die Suche nach Glück bestimmt, denn das Streben nach Glück und den Widerwillen gegen Leid sei in dem Menschen eingepflanzt.

Welche Bedeutung hatte Glück im 18. und 19. Jahrhundert?

Die Entwicklung, die sich in der Neuzeit angebahnt hatte, fand im 18. und 19. Jahrhundert seine Fortführung. In der Aufklärung wurde das Glück verstärkt vom Jenseits auf das Diesseits verlagert. Das wirkte sich auch auf das politische Denken aus. In der Politik und der Gesellschaft wurde ein allgemeines, kollektives Glück angestrebt. Jeremy Bentham (1748-1832), Jurist und Sozialreformer in England, forderte „the greatest Happiness for the greatest Number“. Er gilt als Begründer des → Utilitarismus. Politische Entscheidungen und Handlungen müssten der Allgemeinheit nützen. Das sollte das Ziel des persönlichen und politischen Handels sein. Dieser → Utilitarismus wurde auch von John Stuart Mill (1806-1873) vertreten. Seine Glücksvorstellungen zielten ebenfalls nicht nur auf das eigene Glück, sondern auf eine Verbesserung der Gesellschaft.

Jean-Jaques Rousseau (1712-1778) sah den Fortschrittsglauben und die Machbarkeit kritisch. Für ihn zählte das natürliche Leben und der Gemeinwille. Glück bedeutet für sein Verständnis nicht einen Punkt, dem man sich nähert im Sinne eines Fortschritts, sondern vielmehr etwas Flüchtiges, Zerbrechliches. „Alles verändert sich um uns her. Wir selbst verändern uns, und keiner ist sicher, morgen das noch zu lieben, was ihm heute gefällt." (zitiert in Thomä 2011, S. 180). Jean-Jacques Rousseau sah Glück als eine Einheit des Menschen mit sich selbst. Bei ihm ging es nicht nur um ein universelles Glück, sondern auch um individuelles Glück.

Immanuel Kant (1724-1804) sah Glück als ein Bedürfnis eines jeden Menschen, das jedoch nicht erreicht werden kann, weil Menschen nicht allwissend sind und die Auswirkungen ihres Handelns nicht komplett erfassen können. Auch Arthur Schopenhauer (1788-1860) hatte ein eher negatives Verständnis von Glück. Er sieht die Bedürftigkeit nach ganzheitlichem Glück als unerfüllbar. Jede Erfüllung mündet in Langeweile und Leere. Dieses unendliche Bestreben nach Glück betrachtet Schopenhauer als Leiden, weil man immer nach neuen Wünschen strebt oder im schlechtesten Fall, immer mehr haben möchte. Die anthropologische Bedürftigkeit des Menschen nach Glück bezeichnet er als „Wille zum Leben" (Wesche 2011).

Sigmund Freud (1856–1839) war wie die meisten Denker überzeugt, dass im Mittelpunkt des menschlichen Daseins das Glücksstreben steht. Glück ziele darauf ab, starke Lustgefühle zu erleben. Doch das sei ein schwieriges Ziel, denn „die Absicht, dass der Mensch glücklich sei, ist im Plan der Schöpfung nicht enthalten" (zitiert in Mayring und Rath 2013, S. 40). Der Mensch sei für das Glück nicht geschaffen. Wir sind so eingerichtet, dass wir nur den Kontrast genießen können, aber den Zustand kaum. Freud sieht das Leben als ein Dilemma zwischen dem menschlichen Streben nach Glück und der Einschränkung des Glücks durch die Natur und durch die Umwelt. Glücksgefühle seien flüchtig. Ein gewisses Maß an Glück könne man aber durch Arbeit und Leistung erlangen.

Im 20. Jahrhundert geriet das Thema Glück in den Hintergrund angesichts einer Welt, die von zwei Kriegen beherrscht wurde. In den 1980er Jahren gewann die Glücksforschung, ausgehend von der Psychologie in den USA, weltweit an Aufmerksamkeit und wurde zu einem vielbeachteten Forschungszweig.

Warum ist heute die Suche nach Glück so bedeutend geworden?

In den letzten Jahrzehnten ist ein wahrer Glücksboom entstanden. Zum einen liegt es an der Werbewirksamkeit des Glücks (siehe auch unter der Frage „Warum ist Werbung mit Glück so wirksam?"). Da Glück eine tiefe Sehnsucht der Menschen anspricht, wird mit Glück geworben. Die Botschaft, die mit Produkten und Dienstleistungen verkauft wird, ist das Versprechen, glücklich zu werden. Zum anderen ist die Präsentation eines glücklichen Lebens überall in den Medien und auch in den Sozialen Medien sichtbar, so dass man dem kaum entkommt. Der Druck, sein eigenes Leben glücklich zu gestalten, ist dadurch groß. Ein entscheidender Einfluss, dass die Suche nach Glück heute so bedeutend ist, liegt darin, weil dahinter die Suche nach Sinn steckt. In vielen Umfragen, was der Sinn des Lebens sei, antworten Menschen: „Glücklichsein". Der Soziologe Manfred Prisching schreibt: „Gesellschaften, die im Großen und Ganzen keine materiellen Mängel aufzuweisen haben, haben Sinnprobleme" (Prisching 2006).

Heute wird der Sinn im Glück gesucht, denn darüber erschließt er sich am leichtesten. Solange man glücklich ist, fragt man nicht nach dem Sinn des Lebens, denn der Sinn ergibt sich von selbst. Glückliche Menschen erleben ihr Dasein als sinnhaft und bedeutsam. Ein glücklicher Mensch weiß und spürt, dass sein Leben einen Sinn hat. Unglückliche Menschen hingegen stellen sich häufig die Frage: Was hat mein Leben (noch) für einen Sinn? Nicht selten führt die Sinnlosigkeit zum Suizid. Weil heute der Sinn des Lebens im Glück gesehen wird, ist die Suche nach Glück lebenswichtig geworden.

Ist der Sinn des Lebens, glücklich zu sein?

Nein, es ist nicht der Sinn des Lebens, glücklich zu sein. Ansonsten wäre jedes unglückliche Leben sinnlos. Doch die Frage nach Lebenssinn ist existentiell, wie der Psychologe und Holocaust-Überlebende Viktor Frankl (1905-1997) darstellt. Wir Menschen suchen nach Sinn. Einen Sinn zu finden, ist das, was den Menschen zu überleben hilft, selbst in den furchtbarsten Umständen, wie er in seiner Biografie als Häftling in vier Konzentrationslagern schildert (Frankl 2018). Frankl gilt als Begründer der → Logotherapie, eine Psychotherapie durch Sinnsuche. Mittels der Logotherapie erarbeitete Frankl Methoden, um suizidgefährdeten Menschen zu helfen. Doch er stellte nicht das Glück als Lebenssinn in den Mittelpunkt. Im Gegenteil, Viktor Frankl war der Überzeugung, dass das Glück nicht direkt angesteuert werden kann, sondern ein Nebenprodukt ist. Die Sinnhaftigkeit des Tuns führt zu Glück. „Was der

Mensch wirklich will, ist letzten Endes nicht das Glücklichsein, sondern ein Grund zum Glücklichsein".

Viele Jahrhunderte fanden Menschen den Lebenssinn in ihrem Glauben an Gott. Glück war die besondere Zugabe, die das Leben leichter und schöner machte. Aber Glück musste nicht den Sinn ersetzen. Auch ein unglücklicher Mensch fand Sinn in seinem Dasein. Allein das Wissen, dass Gott die Menschen erschaffen hat, gab dem Leben einen Sinn, einen Sinn, den man vielleicht nicht immer verstand, aber man war ja auch nur Mensch und nicht Gott. Schicksalsschläge und Leiden stellten den Lebenssinn nicht in Frage. Zudem tröstete man sich mit dem Gedanken, dass man im Jenseits für das Leiden belohnt werden und ewige → Glückseligkeit erlangen würde. Man lebte in dem Bewusstsein, einen Platz in dieser Welt zu haben und das machte Sinn. Auch heute noch finden viele Menschen in ihrem Glauben Lebenssinn. Doch für viele Menschen, die mit dem Glauben nichts mehr anfangen können, ist Glück zu einer Religion geworden. Sie suchen die Erlösung im Glück.

Es ist jedoch riskant, den Lebenssinn im Glücklichsein zu sehen, denn wo findet man dann Sinn, wenn man unglücklich ist. Viktor Frankl legt in seinen Büchern überzeugend dar, dass auch in den schwierigsten Lebenssituationen Sinn gefunden werden kann. Sein eigenes Leben im Konzentrationslager ist ein anschauliches Beispiel.

Der Sinn des Lebens liegt im Leben selbst. Die Einzigartigkeit jedes einzelnen Menschen macht sein Leben sinnhaft. Jeder Mensch ist unverwechselbar und hinterlässt seine Fußstapfen in der Welt und im Leben von anderen. Der Philosoph Wilhelm Schmid deutet Sinn als Zusammenhang. Wenn Zusammenhänge erkannt werden, macht das Sinn (Schmid 2007). Der Sinn kann auf verschiedene Weise erfahren werden, z. B. durch bewusstes Erleben der Sinne, durch die Verbindung mit anderen Menschen oder durch Tun.

Als Fazit kann gesagt werden: Wenn man nicht mehr den Sinn im Glück sucht, muss man nicht dem Glück hinterherjagen, sondern kann gelassener mit Glück umgehen.

Literatur- und Linktipps | In seiner sehr lesenswerten Biografie erzählt Viktor Frankl anhand seiner Gefangenschaft im Konzentrationslager, wie lebenswichtig es ist, einen Sinn zu finden und wie dieser Sinn

aussehen kann. Frankl, Victor E.: Trotzdem Ja zum Leben sagen – Ein Psychologe erlebt das Konzentrationslager. 11. Aufl. München: Penguin Random House 2018. (erstmals erschienen 1946)
Eine kurze, sehr lebendig dargestellte Zusammenfassung über das Buch „Trotzdem Ja zum Leben sagen“ ist in dem Podcast zu hören, der auch die wichtigsten Aussagen über Sinn heraushebt: https://www.youtube.com/watch?v=sOH0Ww5_-qU

Wer eine ausführlichere Dokumentation über Viktor Frankl sehen möchte, in dem er sich in Interviews über sein Leben und seine Arbeit äußert, dem sei folgender Film von Rose Kern empfohlen (ORF 1994): https://www.youtube.com/watch?v=TFVCS6q5uIo

Glück in Politik, Wirtschaft, Arbeitswelt und Schule

Die Suche nach Glück greift in alle Lebensbereiche hinein, nicht nur in das private, sondern auch in das öffentliche Leben. Die Methoden der Positiven Psychologie werden in Politik, Wirtschaft, Arbeitswelt und Erziehung angewendet. Im Coaching und in der Personalentwicklung spielen die Erkenntnisse der Glücksforschung eine wichtige Rolle, und in der Schule lernen Schüler:innen, wie man ein zufriedenes Leben erreicht. Zudem ist Glück ein Wirtschaftsfaktor geworden. Welche Bestrebungen es gibt, das Wohlbefinden in den öffentlichen Bereichen des Lebens zu steigern, wird in diesem Kapitel gezeigt.

Welche politischen Ziele sollte eine glückliche Gesellschaft verfolgen?

Der englische Ökonom Sir Richard Layard fordert einen Kurswechsel in Politik und Wirtschaftswissenschaften, der Glück als Zielgröße für die Gesellschaft anstrebt (Layard 2005). Die freie Marktwirtschaft ist effizient, aber nicht gerecht, kritisiert Layard. Der Wettbewerb führt in die → hedonistische Tretmühle. Immer mehr zu haben, macht die Menschen nicht glücklicher. Man müsste deshalb den Fokus weniger auf das Bruttonationalprodukt legen als auf das Glück. Das erfordert ein anderes Denken. Ein Euro für einen Reichen sei weniger wert als für einen Armen. Deshalb müssten die Reichen mehr besteuert werden. Für politische Entscheidungen sollten vermehrt externe Effekte berücksichtigt werden. So hat zum Beispiel eine Wohngegend, in der viele soziale Kontakte möglich sind, eine positive Auswirkung auf die psychische Gesundheit.

In der Gesellschaft ist das Statusdenken vorherrschend. Der eigene Status wird am anderen gemessen, was wiederum zu einem Wettbewerb führt, bei dem keiner gewinnt. Layard schlägt vor, politische Lösungen zu finden, um den Statuswettbewerb zu beenden, zum Beispiel durch eine andere Steuerregelung. In der gegenwärtigen Wirtschaftspolitik steht der Egoismus hoch im Kurs. Würden sich mehr Menschen um das Wohlbefinden der anderen kümmern, hätte das auch Auswirkungen auf das eigene Wohlbefinden. Das könnte man erreichen, indem Fürsorge und Menschen, die sich für andere einsetzen, mehr Anerkennung erfahren, was auch über die Bezahlung gesteuert werden kann. Menschen nur nach Leistung zu bezahlen, setzt falsche Anreize, wie Layard anhand von Studien belegt, weil das bloße Vorwärtskommen wieder eine Wettbewerbssituation schafft und die Qualität der Arbeit außer Acht lässt. Viel befriedigender ist die Erfahrung der eigenen Kompetenz und eine gute Arbeitssituation. Layard betont, dass es Wettbewerb immer geben wird und dass dies auch positive Seiten habe, aber es geht ihm um ein gutes Gleichgewicht zwischen Konkurrenz und Miteinander.

Ein wichtiger Punkt ist es, die Familien zu stärken, mit besserer Kinderbetreuung und einem familienfreundlichen Arbeitsumfeld. Auch einen neuen Umgang mit Werbung ist sinnvoll, weil man viel Geld für die Erfüllung von Wünschen ausgibt, die erst durch Werbung geweckt

werden. Als Vorbild nennt er Schweden, weil dort keine Werbung gezeigt werden darf, die auf Kinder unter 12 Jahren abzielt. Wichtig für eine glückliche Gesellschaft sei auch die Bekämpfung der Armut in vielen Teilen der Welt.
Layard plädiert dafür, die bisherigen Werte unserer Gesellschaft neu zu überdenken und das Glück zur Zielgröße von Wirtschaft und Politik zu machen.

Literaturtipp | In diesem Buch kritisiert Richard Layard die gegenwärtige Wirtschaftspolitik und schlägt Lösungen für eine Gesellschaft vor, die gerechter und glücklicher ist: Layard, Richard: Die glückliche Gesellschaft. Kurswechsel für Politik und Wirtschaft. Aus dem Englischen von Jürgen Neubauer. Frankfurt, New York: Campus 2005.

Welche Bedeutung hat das Glück für die Politik?

In verschiedenen Ländern wird Glück zum Staatsziel erhoben. In Bhutan im östlichen Himalaya zählt das → Bruttonationalglück, engl. *Gross National Happiness*, anstelle des Bruttoinlandsprodukts.

Auch die Vereinigten Arabischen Emirate setzen auf Glück: 2014 ließ Ministerpräsident Scheich Muhammad bin Raschid Al Maktum Touchscreens in Dubai aufstellen. Damit sollten die Bewohner Fragen zu ihrer Lebensqualität in Echtzeit beantworten, die von den Behörden ausgewertet wurden. Das Ziel war, Dubai zur glücklichsten Stadt der Welt zu machen. Dazu wurde 2016 die Politik umstrukturiert und ein Glücksministerium eingerichtet.

Der Engländer Sir Richard Layard beriet von 1997 bis 2001 die Regierung von Tony Blair. Er war ein Verfechter der Idee, dass Erkenntnisse der Glückforschung für die Ökonomie und Politik angewendet werden müssen. Nach der Finanzkrise 2008 begann Großbritannien unter David Cameron und Frankreich unter Nicholas Sarkozy die Statistikämter zu beauftragen, Daten über den Glückzustand der Bevölkerung zu sammeln (Illouz und Cabanas 2019, S. 48). Die Idee war statt des Bruttoinlandprodukts das Bruttoinlandsglück anzustreben. Damit sollte die Effizienz der politischen

Maßnahmen überprüft werden, um die Lebensqualität der Menschen zu erhöhen.

Auch der →World Happiness Report der UNO hat das Ziel, durch seinen jährlichen Bericht über die → Zufriedenheit der Nationen einen positiven Einfluss auf die Politik zu nehmen und damit die Zufriedenheit der Länder zu steigern. Die UNO hat zudem den Weltglückstag (oder Internationaler Tag des Glücks) eingeführt, der seit 2013 jährlich am 20. März gefeiert wird. Damit soll ins Bewusstsein gerufen werden, wie bedeutsam Glück und Wohlbefinden in der ganzen Welt ist und dass sich die Politik dafür einsetzen sollte, diese Ziele in ihrem Land zu erreichen.

Die Idee, dass Glück auf staatlicher Ebene verwirklicht werden solle, hatte schon Platon. Das Ziel des idealen Staates sei nicht nur, dass ein Stand glücklich wird, sondern die ganze Stadt. Die wahre Staatskunst liege darin, zuerst das allgemeine Wohl und dann erst das des Einzelnen im Blick zu behalten.

Doch gibt es auch Einwände gegen staatliche Vorgaben, die Menschen glücklich zu machen. Kant schreibt: „Niemand darf mich zwingen, auf seine Art [...] glücklich zu sein" (Kant 1793/1977, zitiert in Thomä 2011, S. 94). Es kann sehr einschränkend für das Glück sein, Vorgaben zu machen. Wenn der Staat das Glück für seine Bürger:innen selbst in die Hand nimmt, dann geht das nur, indem er individuelles Glück beschneidet und ein kollektives Glück, das vom Staat definiert wird, durchsetzt. Dem steht das Argument gegenüber, dass der Staat gute Voraussetzungen schaffen müsse, damit der Einzelne ein selbstbestimmtes und gutes Leben führen könne, das den eigenen und auch den kollektiven Interessen gerecht würde.

Unbestreitbar hat die Politik einen Einfluss auf das Glück der Bevölkerung. Politische Systeme wie Demokratie oder Diktatur und die Auswirkungen auf Gerechtigkeit, Freiheit und Korruption beeinflussen das Glücksempfinden der Menschen.

Warum gilt Bhutan als glückliches Land?

In Bhutan wird das → Bruttonationalglück (engl. *Gross National Happiness*) anstelle des Bruttoinlandsprodukts als Staatsziel genannt. Begründet ist dies auf einem Rechtskodex von 1629: „If the government cannot create happiness for its people, then there is no purpose for government to exist." (Gross National Happiness GNH Centre Bhutan). Die Regierung hat es sich zur Aufgabe gemacht, als höchstes Ziel das Glück der Bewohner:innen zu steigern. Die Idee des → Bruttonationalglück entstand 1979 und wurde 1998 in die Politik aufgenommen. Zur Umsetzung der Ziele wurde eine Staatskommission eingesetzt, die inzwischen in das Ministerium eingegliedert ist. Die vier Ziele, die verfolgt werden, sind:

1. Eine soziale und wirtschaftlich gerechte Gesellschaft zu schaffen.
2. Die bhutanische Kultur zu bewahren.
3. Die Umwelt zu schützen.
4. Eine Regierungsführung, die darauf abzielt, dies umzusetzen.

Ein wichtiger Bereich, in dem eine gerechtere Gesellschaft verwirklicht werden soll, ist Bildung. Trotz Armut investiert die Regierung viel Geld, um allen Kindern eine kostenlose Bildung zu ermöglichen.

Regelmäßig wird der Glückszustand der Bevölkerung abgefragt. Die Glückswerte bei den Umfragen sind entsprechend hoch. 44 Prozent halten sich für zutiefst oder weitgehend glücklich und 48 Prozent für eingeschränkt glücklich. Die Frage ist, wie aussagekräftig diese Daten sind. Zum einen ist den Bewohner:innen bewusst, welch ein hoher Wert Glück in ihrem Land hat und erfahrungsgemäß werden Umfragen entsprechend der vermuteten Erwartungen beantwortet. Zum anderen ist es unklar, was die Kategorien „weitgehend glücklich“ und „eingeschränkt glücklich“ bedeuten. Zudem liegt die Hälfte offenbar darunter.

Mitberücksichtigt werden muss, dass die Staatsreligion der Buddhismus ist, bei dem auch im Leiden Glück und Sinn gefunden wird, d.h. dass in Bhutan ein anderes Verständnis von Glück herrscht als in westlichen Industriestaaten.

Und Probleme gibt es auch: So herrscht eine große Jugendarbeitslosigkeit. Die Kriminalität, die Scheidungsrate und der Drogenkonsum stiegen an, nachdem in Bhutan für das Fernsehen westliche Lizenzen vergeben wurden und die Menschen täglich mit Gewalt, Werbung und Filmen der westlichen Welt konfrontiert wurden. Denn auch wenn materieller Wohlstand in Bhutan eine untergeordnete Rolle spielt, so ist das Land nicht völlig abgeschottet; im Fernsehen und im Internet werden Begehrlichkeiten von einem Wohlstand geweckt, den andere Länder haben (Layard 2005, S. 91).

Ein Forschungsteam hat in einer Studie untersucht, zu welchen Ergebnissen die Politik des → Bruttonationalglücks führt. Die Wissenschaftler:innen verglichen elf Länder (geografisch und einkommensmäßig ähnlich) mit Bhutan in vier Bereichen:

1. psychologisches Wohlergehen
2. soziales Wohlergehen
3. ökologisches und
4. materielles Wohlergehen

Zu berücksichtigen ist, dass Bhutan eher zu den ärmeren Ländern gehört. Etwa ein Viertel der Bevölkerung hat keinen Strom und sechs Prozent mussten in den vergangenen Jahren hungern. Die Ergebnisse zeigen, dass die bhutanische Politik der Ökologie eine große Bedeutung beimisst, um für die Bevölkerung und deren Nachkommen eine intakte Umwelt zu schaffen. Diese guten Umweltbedingungen haben positive Auswirkungen auf das soziale und psychische Wohlbefinden. In diesen beiden Bereichen liegt Bhutan im Mittelfeld der Nationen (Biswas-Diener, Diener und Lyubchik 2015). Angesichts der schlechten wirtschaftlichen Lage sind das psychische und das soziale Wohlbefinden besser als man vermuten würde; Bhutan schneidet hier besser ab als viele andere vergleichbare Länder.

Linktipp | Dieser Bericht von Normen Odenthal gibt einen kurzen Einblick über das Glücksstreben in Bhutan: Bhutan – Glück als Staatsziel: https://www.youtube.com/watch?v=3l0CK-KvfFM

Gibt es ein Recht auf Glück in der amerikanischen Verfassung?

In der amerikanischen Verfassung wird das Streben nach Glück („*Pursuit of Happiness*") garantiert. Es gibt also kein Recht auf Glück, wie es heute oftmals verstanden wird, sondern nur ein Recht auf das *Streben* nach Glück. In der amerikanischen Unabhängigkeitserklärung von 1776 hat Thomas Jefferson das „unveräußerliche Recht" für alle Menschen auf „Leben, Freiheit und das Streben nach Glück" festgeschrieben:

> "We hold these truths to be self-evident, that all men are created equal, that they are endowed by their Creator with certain unalienable Rights, that among these are Life, Liberty and the Pursuit of Happiness" (The Declaration of Indepence).

Was mit diesem Glück gemeint ist, zeigt sich im Vorfeld der Debatte um die Verfassung. Dort ist von dem Dreiklang *„life, liberty and estate"* bzw. *„life, li-*

berty and property" die Rede (Thomä 2011, S. 172f.). Damit wird klar, dass mit dem Wort Happiness in der Verfassung Landbesitz gemeint ist. Jedem stand zu, Grund und Boden zu erwerben und sich damit Möglichkeiten zu schaffen, ein Leben in Freiheit und Sicherheit zu gestalten. Glück wurde nicht nur als individuelles Glück, sondern auch als gemeinschaftliches Glück verstanden. Hannah Arendt kritisierte, dass in der amerikanischen Bevölkerung das gemeinschaftliche Glück in den Hintergrund geraten ist. Stattdessen sei das Streben nach Wohlstand und die individualistische Nutzenmaximierung ins Zentrum gerückt. Heute dominiert die Konsumkultur in Amerika.

Das Streben nach Glück, das die Verfassung garantiert, hat sich tief in die amerikanische Kultur und ihr Verständnis von Glück eingegraben. Das Streben nach Glück wird nun als ein Menschenrecht verstanden und prägt das weitere Glücksverständnis: Jeder ist für sein Glück selbst verantwortlich. „Das Land der unbegrenzten Möglichkeiten" bietet die Voraussetzung für einen Aufstieg „vom Tellerwäscher zum Millionär", wenn man sich nur genügend anstrengt. Das ist im Selbstverständnis vieler Amerikaner gegenwärtig. Dabei wird auch deutlich, wie sehr die Vorstellung von Glück mit materiellem Wohlstand verbunden ist. Sehr anschaulich wird dies in dem Buch und in der Verfilmung mit dem Titel *„The Pursuit of Happyness"* dargestellt. Der Titel bezieht sich auf die Formulierung in der amerikanischen Verfassung, verwendet aber zur Abgrenzung eine falsche Schreibweise. Das Buch ist autobiografisch und erzählt die Lebensgeschichte des amerikanischen Brokers Chris Gardner, der als alleinerziehender Vater zeitweise obdachlos war und es zum Millionär schaffte.

Dieses Verständnis von Glück erklärt, warum die Glücksforschung besonders in den USA so bedeutend ist. Die Lebenszufriedenheit müsse erfasst werden, um die gesellschaftlichen Bedingungen zu verbessern und das menschliche Potential zu maximieren (Diener, Oishi und Tay 2018).

Literaturtipp | Diese Biografie gibt einen Einblick in den unbedingten Willen, nach Glück zu streben, im Sinne von Erfolg und materiellem Wohlstand, und es zu erreichen: Gardner, Chris: The Pursuit of Happyness. Amistad: Media tie-in Edition 2006.

Warum beschäftigen sich die Wirtschaftswissenschaften mit Glück?

Die Glücksforschung hat auch in den Bereichen der Ökonomie Eingang gefunden. Dies basiert auf der Erkenntnis, dass Wirtschaftswachstum und die Zunahme von Wohlstand die Menschen nicht glücklicher machen. Langzeitstudien zeigen, dass die Menschen in den letzten 50 Jahre nicht glücklicher geworden sind, obwohl sich das Durchschnittseinkommen mehr als verdoppelt hat (Layard 2005, S. 13). Dieses Phänomen zeigt sich in fast allen westlichen Ländern.

Der Zusammenhang von Einkommen und Subjektivem Wohlbefinden wurde von dem britischen Ökonomen Richard Easterlin untersucht (Easterlin 1974). Das von ihm dokumentierte Phänomen wird als Easterlin-Paradox oder als → Wohlstandsparadox bezeichnet. Es besagt, dass innerhalb eines Landes zu einem bestimmten Zeitpunkt eine Korrelation zwischen Glück und Einkommen besteht, also reiche Menschen glücklicher sind als arme. Im Ländervergleich und im Zeitvergleich über 25 Jahren zeigt das Einkommen jedoch kaum einen Einfluss auf das Glücksempfinden.

Wie eng Wirtschaft und Glück verbunden sind, zeigt sich auch anhand der Organisation für wirtschaftliche Zusammenarbeit und Entwicklung (OECD) mit ihren 38 Mitgliedstaaten. Die global agierende und einflussreiche Organisation wirkt beratend auf die Wirtschaftspolitik der reichsten Länder ein und verfügt über eigene glückbasierte Messungen und Datenbanken (*Your Better Life Index).* Ziel ist es, durch die Wirtschaftsforschung eine Verbesserung der Lebensbedingungen zu bewirken, die zu einem höheren subjektiven Wohlbefinden führt. Heute arbeiten Wirtschaftswissenschaftler:innen mit Psycholog:innen erfolgreich zusammen. Der renommierte amerikanische Psychologe und Glücksforscher Daniel Kahneman erhielt 2002, zusammen mit dem Wirtschaftswissenschaftler Vernon Lomax Smith, den Nobelpreis für Wirtschaftswissenschaften. Kahneman forscht unter anderem über Forschungsmethoden in der Glücksforschung (Kahneman 1999 und 2004).

Die glücksorientierte Wirtschaftswissenschaft hat einen neuen Fachbegriff hervorgebracht: → Hedonomics, ein zusammengesetzter Begriff aus *hedonism* und *economics.* Das Ziel dieser Ausrichtung ist, wirtschaftliche Entscheidungen zu treffen, die nicht nur das kurzfristige Wohlbefinden erhöhen, sondern auch langfristig zufriedener machen.

Literaturtipp | Dieses Buch zeigt, welche Strategien für Politik und Wirtschaft vorgeschlagen werden, um das Wohlbefinden der Bevölkerung zu steigern: Layard, Richard: Die glückliche Gesellschaft. Kurswechsel für Politik und Wirtschaft. Aus dem Englischen von Jürgen Neubauer. Frankfurt, New York: Campus 2005.

Welchen Einfluss hat Glück auf die Wirtschaft?

Glück ist inzwischen ein großer Wirtschaftsfaktor geworden. Das ist schon in der Werbung sichtbar. Fast jedes Produkt wirbt mit dem Versprechen, dass es glücklich macht, ob es eine Körperlotion, Schokolade oder eine Waschmaschine ist. Auch die Produkte selbst nehmen Glück im Namen auf, wenn z. B. ein Kräutertee „Glücksmoment" heißt oder ein Badezusatz „Glückliche Auszeit". Auch im Tourismus wird Glück nicht nur als Erlebnis versprochen, sondern als Begriff verwendet. Der Ort Schömberg nennt sich „die Glücksgemeinde im Schwarzwald", das Allgäu wirbt mit „Glückswegen" und Kopenhagen mit einem „Glücksmuseum".

In unserer Konsumgesellschaft haben materielle Dinge eine existentielle Bedeutung, weil sich damit die eigene Identität ausdrückt: Sein durch Haben. „Der Aufbau von Identitäten erfolgt in der Postmoderne vorwiegend über die Güterwelt" (Prisching 2006). So wird beispielsweise bestimmte Markenkleidung getragen, um sich einer Gruppe zugehörig zu fühlen. Die Allgegenwart der Werbung setzt unrealistische Maßstäbe für das Glück. Angesichts der unendlichen Vielfalt, was man kaufen oder erleben kann, entsteht ein Gefühl des Mangels oder des Gefühls, etwas zu verpassen (*fear of missing out,* FOMO).

Der Spruch „Wer sagt, dass man Glück nicht kaufen kann, hat keine Ahnung von Shopping" zeigt, dass man beim Kauf neuer Produkte durchaus Glücksmomente erlebt. Allerdings sind sie meist flüchtig. Deshalb muss man sich immer wieder etwas Neues kaufen, um diesen Glücksmoment zu erleben. Nicht wenige Menschen kommen dadurch in einen Kaufrausch oder verschulden sich. Gleichzeitig funktioniert das Wirtschaftswachstum in dieser Weise, dass man immer mehr kaufen möchte, um Glück zu erleben. Wäre man glücklich mit dem, was man hat und hätte keine Wünsche mehr, würde es kein Wirtschaftswachstum mehr geben. Dass man immer mehr haben möchte, obwohl materielle Dinge nur kurzfristig glücklich machen, ist eine → hedonistische Tretmühle, die die Wirtschaft antreibt. Das höhere Prestige, das man sich mit Statusprodukten kauft, die Freizeitgestaltung, für die es zahlreiche Güter und Dienstleistungen gibt und die Hoffnung, dass damit das Leben noch schöner wird, sind der Motor des Wirtschaftswachstums. Doch ist ein Wirtschaftswachstum notwendig, zumal Geld ja auf Dauer nicht glücklich macht? An einer florierenden Wirtschaft hängen viele andere Dinge, die für ein glückliches Leben entscheidend sind, wie zum Beispiel erfüllende Arbeitsplätze oder eine gute Altersversorgung. Jedoch muss man fragen, wie viel Wirtschaftswachstum für ein gutes Leben notwendig ist und ob Wirtschaftswachstum wirklich das höchste Ziel sein sollte. Sinnvoll wäre es, zugleich die Lebensqualität mehr in den Blick zu nehmen. Kritiker des Konsums sehen im Konsum eine kompensatorische Illusion, die von einem wirklichen erfüllten Leben ablenkt (Schrage 2011, S. 417). Glück und Wirtschaft zusammenzubringen ist ein Balanceakt, bei der man eine Ausgewogenheit sucht zwischen Wünschen, Wunscherfüllung und den Einbezug von Werten, die dauerhaft glücklich machen.

Glücksversprechen werden jedoch nicht nur genutzt, um den Verkauf von Produkten zu erhöhen, sondern Glück ist selbst zum Produkt geworden. Es gibt einen großen Markt für Dienstleistungen und Produkte rund um das Glück. Auf dem Buchmarkt gibt es eine unübersehbare Zahl an Glücksratgebern, es gibt immer mehr Glückszeitschriften. Inzwischen erobern auch Glückapps den Markt, die einen enormen Zuwachs haben. Auch Dienstleistungen, die Glück zum Inhalt haben, werden angeboten. Glückstrainer und Glückscoaches vermarkten das Produkt Glück in Seminaren und Beratungen.

Warum ist Werbung mit Glück so wirksam?

Der Markt lebt von dem Versprechen, dass man mit diesem oder jenem glücklich wird, wodurch die Menschen zum Kauf angeregt werden sollen.

Mit den Produkten werden Hoffnungen auf ein gutes Leben geweckt. Schöne Bilder von Produkten und Dienstleistungen sprechen die Emotionen an.

In Glücksratgebern wird ignoriert, dass Produkte und materielle Dinge glücklich machen können. Vielmehr wird in den Glücksratgebern betont, dass Achtsamkeit, Beziehungen, Verwirklichung von Zielen glücklich machen. Das sind zweifellos Glücksquellen, die längerfristig Glück bewirken, dennoch sagt die Tabuisierung von materiellen Dingen als Glücksquelle sehr viel darüber aus, welche Bedeutung wir Glück geben. Wir haben von Glück eine idealistische Vorstellung. Es wird moralisch negativ bewertet, Glück in materiellen Dingen zu suchen und zu finden. Und dennoch ist nicht zu leugnen, dass man oftmals Glücksgefühle empfindet, wenn man sich einen Wunsch erfüllt oder etwas Materielles kauft.

Unsere Wünsche stehen in Verbindung mit kulturellen Werten. So stehen beispielsweise Wellnesswochenenden oder der Genuss von edlem Wein hoch im Kurs. Es wird nicht nur damit geworben, sondern auch als Glück erlebt. Menschen, die diese Glücksquellen in Anspruch nehmen, erzählen, dass sie im Wellnesshotel oder bei der Weinprobe auf dem Weingut großes Glück erleben. Sie sind in eine Gegenwelt vom Alltag eingetreten, konnten sich entspannen oder haben zu sich gefunden. Produkte und Dienstleistungen wie Wein und Wellness haben auch mit sinnlichem Erleben zu tun und wirken deshalb als eine glückliche Erfahrung. Werbung kann also durchaus das Versprechen auf Glück einhalten. Und dennoch gibt es auch die andere Seite, bei der die Werbung ein leeres Versprechen ist. Bei vielen Produkten wird mit glücklicher Familie, Freundschaft und Liebe geworben. Damit werden tiefe Sehnsüchte nach Zugehörigkeit, Verbundenheit und Anerkennung angesprochen. Es gibt Glückscodes, die uns nicht bewusst sind, aber dennoch wirken.

> „Wir brauchen und gebrauchen Produkte, um zu sagen, wer wir sind und nicht sind, was unser ideales Selbst ist, um Menschen in unsere Gemeinschaft einzubeziehen oder auszugrenzen, um uns zu trösten, um uns Selbstwertgefühle zu geben, um Status zu signalisieren." (Karmasin 2008, S. 122)

Doch wenn man sich das Produkt gekauft hat, fühlt man sich nicht so glücklich, wie man es sich zuvor vorgestellt hat. Das ist ein Phänomen, das man als → Impact bias bezeichnet. Und auch wenn man sich einen langgehegten Wunsch erfüllt hat, dauert die Freude darüber oft nicht lange an. Dennoch hält die Werbung Hoffnungen auf ein glückliches Leben wach, so dass sie zuverlässig wirkt.

Werden Erkenntnisse der Glücksforschung in Unternehmen angewendet?

Glückliche Menschen sind produktiver und kreativer, sie entfalten ihr Potential und sie sind weniger krank, so sagt die Glücksforschung. In den USA, wo die Glücksforschung bedeutend ist, sind Firmen deshalb daran interessiert, die Erkenntnisse der Glücksforschung anzuwenden. Dass den Mitarbeiter:innen ein angenehmes Arbeitsklima geboten werden soll, ist durchaus eine positive Entwicklung. Jedoch geschieht dies nicht immer aus selbstlosen Motiven, sondern aufgrund von wirtschaftlichen Interessen. Für den amerikanischen Unternehmer und Multimillionär Tony Hsieh hat Glück als Unternehmenskultur die höchste Priorität. Diejenigen, die diese Werte nicht teilen, entließ er. Die restlichen 90 Prozent der Mitarbeiter zeigten sich hingegen sehr engagiert, wobei zu hinterfragen ist, ob dieses Engagement nicht eher mit der Angst vor Entlassung zu tun hat. Tony Hsieh empfiehlt Unternehmen, nur positiv gesinnte Menschen einzustellen, die die Firmenkultur teilen, Glück als Motor der Arbeitsproduktivität zu sehen (Smedley 2012).

Auch in der deutschen Unternehmenskultur wird empfohlen, zu testen, ob die Mitarbeiter:innen optimistisch oder pessimistisch eingestellt sind und Maßnahmen zu ergreifen, um die Pessimist:innen zu Optimist:innen zu machen (Creusen 2012).

Wie bedeutend Glück für die Arbeitswelt bewertet wird, zeigt sich daran, dass in amerikanischen und europäischen Firmen die Position → Chief Happiness Officer (CHO) (in Frankreich: Responsable du bonheur) geschaffen wurde, so z. B. bei Zappos, Google, Lego und IKEA (Illouz und Cabanas 2019, S. 114). Die Manager:innen im Personalbereich sollen Mitarbeiter:innen motivieren, das Beste aus sich herauszuholen, Resilienzstrategien zu entwickeln und Flexibilität zu steigern, um auf Veränderungen schnell und positiv zu reagieren.

Coca-Cola wendet die Erkenntnisse der Glücksforschung nicht nur an, sondern stellt eigene Forschungen in seinem „Coca-Cola Happiness Institut“ an. Zudem gibt es auch Unternehmen, die beträchtliche Summen in die Glücksforschung investieren.

Die Erkenntnisse der Glücksforschung in der Arbeitswelt anzuwenden, kann auf der einen Seite positiv gesehen werden, weil damit die Arbeitsatmosphäre verbessert werden soll. In vielen Firmen werden Annehmlichkeiten geschaffen, wie flexible Arbeitszeiten, Fitness-Training, gemeinsame

Aktivitäten, Kaffee-Spezialitäten und kostenloses Gourmet-Essen. Auf der anderen Seite wird damit ein großer Druck aufgebaut und es werden andere Qualifikationen vernachlässigt. Glück als Voraussetzung für die Arbeit zu sehen, sei Tyrannei, argumentieren der Wirtschaftswissenschaftler Nicolas Bouzou und die Philosophin Julia de Funès (Bouzou und Funès 2018). Vielmehr sei Glück die Folge gelungener Arbeit. Glück müsse Privatsache bleiben.

Welche Auswirkungen kann es haben, wenn in der Arbeit positive Gefühle erzwungen werden?

Der Trend in der Arbeitswelt, bei den Mitarbeiter:innen positive Gefühle hervorzurufen, birgt durchaus Gefahren in sich. Das zeigt bereits eine Studie der amerikanischen Soziologin Arlie Hochschild (Hochschild 2006) aus den 1980er Jahren. In dieser Studie untersuchte sie unter anderem Stewardessen von Delta Airlines. Wie in vielen Dienstleistungsberufen gehört nicht nur äußere Freundlichkeit zu den Arbeitsanforderungen, sondern es werden auch positive Emotionen erwartet. Sie sollten nicht nur glücklich wirken, sondern sich auch glücklich fühlen, um authentisch zu wirken. Hochschild nennt es Emotionsarbeit. So kontrollierte eine Stewardess beispielsweise ihre negativen Gefühle, indem sie auf einen Eiswürfel biss, um ihren Ärger gegenüber den Fluggästen zu beherrschen. Diese Emotionsarbeit hat die Folge, dass die eigenen Gefühle nicht mehr wahrgenommen werden (Selbstentfremdung) und dass sie psychisch belastet sind, weil sie Gefühle darstellen, die sie nicht haben (emotionale Dissonanz).

Literaturtipp | Dieses Buch stellt sehr anschaulich dar, wie positive und negative Gefühle in der Arbeitswelt erzwungen werden und welche Auswirkungen es hat: Hochschild, Arlie: Das gekaufte Herz. Die Kommerzialisierung der Gefühle. Aus dem Amerikanischen übersetzt von Ernst von Kardorff. Frankfurt: Campus Bibliothek 2006.

Welchen Einfluss hat Arbeit auf Glück?

Auch wenn viele Menschen Arbeiten als eine lästige Pflicht sehen, so zeigt die Glücksforschung, dass Arbeit einen positiven Einfluss auf das Glücksempfinden hat. Arbeitslosigkeit gilt als einer der größten Glückskiller, selbst wenn die finanzielle Versorgung gesichert ist. Wie negativ sich Arbeitslosigkeit auf die Psyche auswirkt, zeigt schon eine vielbeachtete Studie, die in den 1930er Jahr in Marienthal bei Wien durchgeführt wurde (Jahoda, Lazarsfeld und Zeisel 1975). Durch die Langzeitarbeitslosigkeit im Schatten der Weltwirtschaftskrise verfiel der Ort in eine Teilnahmslosigkeit. Das Leben wurde als inhaltsleer und sinnlos empfunden und die Tätigkeiten verlangsamten sich enorm.

Arbeit hat einen großen Einfluss auf das Glück, weil eigene Fähigkeiten eingebracht werden, die auch durch Erfolg, Anerkennung oder Geld in Form von Gehalt belohnt werden. Zudem sind die sozialen Kontakte im Arbeitsleben ein positiver Faktor. Auch wenn Arbeit eine wichtige Glücksquelle ist, kann Arbeit auch belastend sein und zu negativen Gefühlen führen. Das zeigen nicht nur verschiedene Studien in der Glücksforschung (Kahneman u. a. 2004), sondern auch die zunehmende Zahl von Burn-out.

Wann eine Arbeit glücklich macht, hat Mihaly Csikszentmihalyi in seinen Forschungen über → Flow untersucht (siehe dazu auch die Frage Frage „Ist Flow das gleiche wie Glück?"). Flow zeichnet sich dadurch aus, dass man in seiner Tätigkeit völlig aufgeht. Im Beruf entsteht dieses Gefühl bei guten Arbeitsbedingungen, beispielsweise, dass man klare Arbeitsziele hat und eine angemessene Rückmeldung bekommt. Entscheidend ist die Balance zwischen der Herausforderung der Arbeit und den eigenen Fähigkeiten, damit die Arbeit weder überfordert noch langweilt. Auch ein flexibles Zeitmanagement und Selbstkontrolle über die Arbeit gehören dazu.

Linktipp | Dieses Video zeigt eine Zusammenfassung der Marienthal-Studie: https://www.youtube.com/watch?v=7bqhybt4dU8

Macht eine gute Work-Life-Balance glücklich?

Work-Life-Balance ist heute ein Begriff, der eng mit Glück verbunden ist. Viele Glücksratgeber empfehlen, für eine gute Work-Life-Balance zu sorgen.

Das hört sich sehr harmonisch an. Aber tatsächlich birgt die Trennung von Arbeit auf der einen Seite und Leben auf der anderen, also nach Dienstschluss, einen Gegensatz mit negativer Konnotation: „Wenn work einen Gegensatz zum life bildet, dann heißt dies nichts anderes, als dass work auf die Seite des Todes gehört." (Thomä 2012, S. 25). Die Folge ist: Berufstätige setzen damit ihre ganze Hoffnung auf das Wochenende und den Urlaub, in dem das Leben stattfinden soll, um sich für die Arbeit zu entschädigen. Die Erwartungen an die Freizeit mit seinen vielfältigen Angeboten sind groß. Sie wird deshalb überfrachtet, so dass manche in einen regelrechten Freizeitstress geraten, was wiederum an Arbeitsstrukturen mit Terminkalender und Zeitdruck erinnert. Die Trennung Work-Life-Balance ignoriert auch einen anderen Aspekt, nämlich dass auch während der Arbeit Leben stattfindet, die Arbeit also eine Qualität hat, die das Leben bereichert. Zudem ist der Begriff Work-Life-Balance auch deshalb sehr irreführend, weil auch nach der Arbeitszeit im Beruf Arbeit im Haushalt oder in der Kinderbetreuung wartet.

Glücksfördernd ist hingegen ein ausgewogenes Verhältnis von Tätigsein und Entspannen. Arbeiten ohne Pause macht genauso unglücklich wie Nichtstun auf Dauer. Dennoch muss Arbeit als Teil eines erfüllten Lebens gewürdigt werden. Sie ist sinnstiftend und hat einen großen Einfluss auf das Subjektive Wohlbefinden wie in der vorherigen Frage gezeigt wurde. Doch Arbeit ist nur einer von vielen Faktor für Zufriedenheit. Einen großen Einfluss auf das Subjektive Wohlbefinden haben soziale Beziehungen, vor allem zu Familie und Freunden. Die Glücksforschung sieht dies als größte Glücksquelle. Deshalb ist das Bestreben der jungen Generation sehr sinnvoll, eine Ausgewogenheit zwischen den Anforderungen von Arbeit und Familie zu finden. Sie sucht oftmals nicht die ganze Erfüllung in Arbeit und Karriere wie die Vätergeneration, sondern möchte auch Zeit für die Familie haben und Familienleben gestalten.

Seit wann gibt es Glücksunterricht in Schulen?

2006 bot das Wellington College, eine renommierte und teure Privatschule bei London, Unterrichtskurse in Wohlbefinden *(well-being)* an. Der Schulleiter Anthony Seldon entwickelte zusammen mit dem Psychologen Nick Baylis von der Cambridge Universität ein Unterrichtsprogramm, das auf den Erkenntnissen der Glücksforschung basierte. Unterrichtet wurde das Fach einmal wöchentlich von Religionslehrern, die zuvor in Schulungen darauf vorbereitet wurden.

2008 begannen bildungspolitische Programme in angelsächsischen Ländern Glück als Unterricht in Schulen aufzunehmen. Initiiert wurde dies von dem englischen Wirtschaftswissenschaftler Richard Layard in Großbritannien, der die Erkenntnisse der Glücksforschung als Berater von Tony Blair in die Politik eingebracht hat. In Großbritannien, Kanada und USA wurden glücksbasierte Programme für den Unterricht an Schulen, Colleges und Universitäten großzügig finanziert (Illouz und Cabanas 2019, S. 90). Das Ziel war, dass die Schüler:innen und Student:innen ihr Potenzial verwirklichen und ihre Fähigkeiten im Berufsleben einbringen können. Die Politiker:innen sollten Rahmenbedingen schaffen, um die Einrichtung der Positiven Bildung in Schulen und Universitäten zu fördern. Die Idee breitete sich schnell aus. In kurzer Zeit nahmen über 17 Länder, darunter China, Indien und die Vereinigte Arabischen Emirate Glück als Unterrichtsfach in ihr Curriculum auf.

In Deutschland führte Ernst Fritz-Schubert 2007 das Unterrichtsfach Glück ein. Als Oberstudienrat an der Willy-Hellpach-Schule in Heidelberg, Wirtschaftsgymnasium und Berufsfachschule, bot er Glück als Wahlfach an. Heute wird Glück an mehr als 100 Schulen in Deutschland und Österreich unterrichtet. Das Schulfach Glück ist jedoch kein Bestandteil des offiziellen Fächerkanons, sondern ein Wahlfach. Hinzu kommen noch viele Projekte über Glück im Ethikunterricht oder in Arbeitsgemeinschaften. Auch in erziehungswissenschaftlichen Studiengängen gibt es für Lehramtsstudierende Weiterbildungen, um das Fach Glück unterrichten zu können.

Linktipp | Das Video gibt einen kurzen Einblick in den Glücksunterricht: ▶ https://www.youtube.com/watch?v=ntXNn0doL3M

Was lernt man im Schulfach Glück?

Im Wellington College liegen die Schwerpunkte des Unterrichts auf der Wahrnehmung von sich selbst, der Entwicklung der eigenen Persönlichkeit und dem Erkennen seiner Potentiale. Der Kurs basiert auf sechs Schlüsselelementen:

1. Körperliche Gesundheit
2. Zwischenmenschliche Beziehungen
3. Perspektive
4. Engagement
5. Die Welt (und Nachhaltigkeit)
6. Sinn und Zweck

Der Unterricht enthält theoretische und praktische Elemente, Wissensvermittlung, Diskussionen über Filme und Selbsterfahrung. Durch Entspannungsübungen, Visualisierung, Rollenspiele und Fantasiereisen sollen positive Einstellungen und Wohlbefinden erlernt werden.
Ähnliche Inhalte vermitteln auch andere Schulen. Das Fritz-Schubert-Institut fasst das Unterrichtsfach **GLÜCK** zusammen als **G**elingendes **L**eben **Ü**ben **C**harakter **K**räftigen. Es werden die Forschungsergebnisse der Positiven Psychologie vermittelt. Die eigenen Fähigkeiten, Bedürfnisse, Ziele und Werte sollen erkannt werden. Ein wichtiger Lerninhalt ist auch, Respekt gegenüber anderen zu lernen, aber auch gegenüber sich selbst und der Umwelt. Zudem sollen Tugenden entwickelt und gefestigt werden wie Mut, Mäßigung, Weisheit und Wissen, Gerechtigkeit und Menschlichkeit. In der Willy-Hellpach-Schule ist auch die Entwicklung einer persönlich passenden Berufsorientierung Inhalt des Glücksunterrichts.

Literaturtipp | Eine umfassende Darstellung über die Anfänge des Schulfaches Glück und die Durchführung gibt Ernst Fritz-Schubert, der das Schulfach in Deutschland eingeführt hat, in seinem Buch: Fritz-Schubert, Ernst: Schulfach Glück. Wie ein neues Fach die Schule verändert. 4. Aufl. Freiburg: Herder 2009.

Kann man Glück lernen?

Vieles kann man lernen, aber nicht Glück selbst, wie der Erziehungswissenschaftler Timo Hoyer argumentiert:

> „Es gibt kein Curriculum des Glücks, keine einzige Schule, die versprechen könnte, die Bildungsempfänger würden am Ende ihres Ausbildungsganges im

> Glück so versiert sein, wie im Lesen, Schreiben, Rechnen. Nicht das episodische und schon gar nicht das übergreifende Glück lassen sich beherrschen wie eine Kulturtechnik oder einstudieren wie ein Gesellschaftstanz, weil es für das Glück keinen kulturellen, geschweige denn einen transkulturellen Standard gibt. Die meisten von uns bleiben in den Dingen des Glücks ein Leben lang [...] Anfänger, Versuchende, Suchende." (Hoyer 2007, S. 238)

Was sich aber lernen lässt, sind bestimmte Verhaltensmaßnahmen, um zu einem besseren Umgang mit seinen Gefühlen zu finden, so zum Beispiel den Umgang mit Frust. Auch bestimmte Maßnahmen wie Sport, Kreativität und einen positiven Umgang mit Menschen schaffen gute Voraussetzungen, um positive Gefühle zu empfinden.

Was sind die Vor- und die Nachteile von Glücksprogrammen an Schulen?

Das Schulfach Glück hat eine große Medienaufmerksamkeit bekommen, als es eingeführt wurde. Die Stimmen sind überwiegend positiv. Es wird als Gewinn gesehen, dass der Schulunterricht, der ansonsten sehr leistungsorientiert ist, der Persönlichkeitsentwicklung mehr Beachtung schenkt. Der Unterricht ist spielerischer, die Kinder werden bestärkt, Noten gibt es keine. Lehrkräfte und Kinder äußern sich meist positiv. Der Unterricht macht Spaß, er fördert das Miteinander der Schüler:innen und die Klassenatmosphäre verbessert sich. Manche Schüler:innen sagen, dass sich ihr Selbstbewusstsein verbessert hat. Dennoch scheinen nicht alle Schulen von dem Konzept überzeugt zu sein. Es gibt zwar inzwischen über 100 Schulen, die das Schulfach Glück als Wahlfach anbieten, aber Tausende von Schulen, die es nicht tun.

Insgesamt stellt sich die Frage, wie sinnvoll Glücksunterricht an Schulen ist. Es fehlt noch an Studien. Die Analysen sind nicht eindeutig: Es gibt sowohl Auswertungen, die eine positive Wirkung von Glücksunterricht bescheinigen (Fritz-Schubert 2008), aber auch solche, die keinen Unterschied sehen oder sogar negative Auswirkungen nennen, wenn beispielsweise Grundvoraussetzungen fehlen, um anderen mit Respekt zu begegnen. Dann können Vertrauensübungen scheitern und Offenheit zu Bloßstellungen führen (Backhaus 2015). Das Unterrichtsfach Glück scheint nicht für alle

Schulklassen geeignet zu sein. (Mehr zu den negativen Auswirkungen unter der Frage „Wie sinnvoll ist Glück als Schulfach?")

Ist Glück ein Erziehungsziel?

Als im 18. Jahrhundert die Kindheit als eigene Lebensphase entdeckt wurde, kam dem Kind mehr Bedeutung in der Familie zu. Im Mittelalter und in der Neuzeit wurden Kleinkinder nicht als eigene Persönlichkeiten gesehen, sondern als Lebewesen, die man zu versorgen hatte. Sobald sie größer waren, wurden sie wie kleine Erwachsene behandelt. Als die Kindheit als eigener Lebensabschnitt gesehen wurde, rückte auch das Glück der Kinder in den Blickpunkt. Im 18. Jahrhundert war das glückliche Kind das wohlerzogene Kind, das eine gute Erziehung genoss. Im 19. Jahrhundert war ein glückliches Kind, wenn es gesund und ohne Angst aufwachsen konnte. Heute bezieht sich Glück nicht nur auf äußere Bedingungen, sondern auch auf das innere Erleben der Kinder, das dazu beiträgt, dass Kinder eine glückliche Kindheit haben. Eine glückliche Kindheit wirkt sich auf das gesamte Leben aus, betonen die Erziehungsratgeber. Die Positionen der Ratgeber reichen von liberal bis autoritär. Kinder sollen sich frei entfalten, aber auch beispielsweise mit Frustration beim Lernen umgehen können. Andere Ratgeber empfehlen, dass Eltern sich zurückhalten sollen, um dadurch Kindern Raum zum Wachstum zu geben. Eltern und Erzieher:innen sind gefordert, für das Glück der Kinder tätig zu sein. Je weniger Kinder es gibt, umso mehr konzentrieren sich die ganzen Glücksbemühungen auf die wenigen Kinder. Obwohl Glück angestrebt wird, wird der Alltag häufig gegensätzlich erlebt, denn er ist oft von Stress und Beziehungsdruck geprägt.

Häufig setzen Kinder Konsumwünsche mit Glück in Verbindung, bedingt durch Werbung und den Vergleich mit anderen Kindern. Eltern bemühen sich, ihren Kindern eine glückliche Kindheit zu schenken und erfüllen ihnen ihre materiellen Wünsche. Zudem organisieren sie ein Freizeitprogramm, um ihre Kinder zu fördern oder sie mit Events zu unterhalten. Die Glücksvorstellungen der Eltern unterscheiden sich jedoch von dem, wie Kinder Glück tatsächlich erleben. Sie sind vor allem glücklich, wenn sie Zeit zum Spielen haben, Erlebnisse mit Tieren erfahren und mit der Familie und mit Freund:innen zusammen sind.

Glück als Erziehungsziel sollte nicht nur glückliche Kinder im Blick haben, sondern sie dazu befähigen, Lebenszufriedenheit zu erreichen, die über Glücksmomente oder leicht vergängliche Phasen des Wohlbefindens hinausgehen (Oelkers 2011).

Gibt es einen Zusammenhang zwischen Glück und Bildung?

Ist Bildung eine gute Voraussetzung für Glück? Das würde bedeuten, dass gebildetere Menschen glücklicher sind als weniger gebildete. Dafür gibt es aber empirisch keine Belege. Glück ist nicht abhängig von Schulabschluss, Beruf oder Intelligenz. Bildung kann aber Möglichkeiten schaffen, Glück zu erleben, zu erweitern und die Empfänglichkeit für Glück zu sensibilisieren. In Verbindung mit moralischen Prinzipien wie Gerechtigkeit kann gelernt werden, dass das eigene Glücksstreben dort seine Begrenzung findet, wo andere Menschen in der Gesellschaft in ihrem Streben nach Glück beeinträchtigt werden.

Andersherum zeigt sich jedoch ein positiver Zusammenhang von Glück und Bildung. Glück trägt zur Bildung bei und begünstigt Lern- und Entwicklungsprozesse, denn Glück steigert die Aufmerksamkeitsfähigkeit. Man lernt leichter, wenn man Freude daran hat, und gleichzeitig machen Lernerfolge glücklich. Daher neigen glückliche Menschen dazu, schnelle Lernerfolge zu suchen. Das kann aber bedeuten, dass man sich dadurch weniger intensiv mit dem Lernstoff auseinandersetzt und somit sich weniger vertieftes Wissen aneignet. In guter Stimmung neigt man dazu, Informationen oberflächlich aufzunehmen und die Argumentationsführungen unaufmerksamer zu verfolgen (Hoyer 2007). Daher vermeiden Menschen oftmals eine ausführliche Auseinandersetzung mit dem Lernstoff, um ihre positive Stimmung nicht zu gefährden. Das schließt jedoch nicht aus, dass auch eine tiefere Auseinandersetzung mit einem Lernstoff glücklich macht.

Bildung bedeutet auch, seine individuellen Fähigkeiten zu entfalten und einzubringen. Bildungserfolge rufen positive Gefühle hervor, weil das Belohnungssystem im Gehirn eine Ausschüttung der Endorphine bewirkt. Die positive Erfahrung ist motivierend für weiteres Lernen. Um diese Glückserfahrung zu erleben, nimmt man oft auch anstrengende Lernphasen in Kauf.

Die Erfahrung, dass Bildung und Weiterbildung glücklich machen, ist nicht an ein Alter gebunden. Ältere Menschen besuchen häufig Kurse und die Angebote des Seniorenstudiums, um sich weiterzubilden, weil Lernen glücklich macht.

Was glücklich macht – Ergebnisse der Glücksforschung

Das, was wir in unserem Leben anstreben, die Entscheidungen, die wir treffen, und wie wir unsere Freizeit gestalten, ist von dem Wunsch motiviert, glücklicher zu werden. Doch was macht glücklich? Die Ergebnisse der Glücksforschung werden in diesem Kapitel vorgestellt.

Wissen wir, was uns glücklich macht?

Der Harvard-Professor Daniel Gilbert zeigt in seinen Studien, dass wir das gar nicht genau wissen (Gilbert 2008). Wir haben oftmals falsche Vorstellungen darüber, was uns glücklich macht. Das liegt unter anderem an den Mängeln unserer Vorstellungskraft. Weil wir Zukünftiges nicht wissen, ziehen wir bestimmte Faktoren in Betracht, andere lassen wir weg. So stellt man sich einen Sportsieg großartig vor, weil man in seiner Vorstellung nur auf den Sieg fixiert ist. Aber man zieht nicht in Betracht, dass man anschließend nach Hause geht und Hausarbeiten erledigen muss. Das Glück hält also nicht so lange an, wie man es sich vorstellt. Aufgrund unserer mangelnden Vorstellungskraft tendieren wir dazu, Gegenwärtiges auf die Zukunft zu projizieren. Wenn man hungrig zum Einkaufen fährt, kauft man viel mehr ein, weil man sich in dem Moment nicht vorstellen kann, wie es ist, satt zu sein.

Die zukunftsorientierten Glücksvorstellungen führen zu falschen Annahmen. Wir denken, dass wir uns in einem Luxusauto glücklicher fühlen würden als in einem Kleinwagen. Das gaben auch Befragte in einer Studie von Norbert Schwarz und seinem Forschungsteam an. Doch tatsächlich fühlten sich die Fahrer:innen von Luxusautos nicht glücklicher als die von Kleinwagen. Während des Fahrens dachten die Fahrer:innen an viele andere Dinge, nur nicht an das Auto, das sie fuhren (Schwarz 2008). Die Qualität des Autos nimmt man vor allem wahr, wenn es neu ist. Dann hat es auch einen positiven Einfluss auf das Glücksempfinden.

Wir lernen nicht aus den Erfahrungen, was uns glücklich macht, weil unsere Erinnerungen verblassen. Unseren letzten Urlaub haben wir glücklicher in Erinnerung als er war. Aus diesen Erinnerungen konstruieren wir unsere Annahmen für die Zukunft. Deshalb glauben wir, dass uns der kommende Urlaub glücklich macht.

In einer Studie wurden junge College-Dozent:innen gefragt, wie glücklich sie sich fühlen würden, wenn sie eine Festanstellung hätten (Schwartz 2014, 195 f). Sie sollten antizipieren, wie sie sich direkt nach der Festanstellung und wie sie sich fünf Jahre später fühlen würden. Alle schätzten ihr Glück höher ein (→ Impact bias). Im Vergleich mit Dozent:innen, die eine Festanstellung bekommen hatten, zeigte sich, dass die Freude darüber allmählich verschwand und sie nach fünf Jahren Festanstellung nicht glücklicher waren als die Dozent:innen ohne Festanstellung.

Aufgrund von falschen Vorstellungen streben wir oft nach Dingen, die uns nur kurzfristig glücklich machen, wie ein schönes Auto, eine neue Handtasche oder einen Karrieresprung.

Auch in der anderen Richtung haben wir falsche Annahmen. So schätzen wir negative Veränderungen, z. B. Krankheit, in unserem Leben als folgenreicher ein, als sie tatsächlich sind. „Wir überschätzen den Einfluss positiver Veränderungen wie den Einfluss negativer Veränderungen." (Schwarz 2008, S. 95).

Wenn wir wissen möchten, was glücklich macht, so empfehlen Glücksforscher wie Daniel Gilbert, dann müsse man Menschen befragen, die diese Situation erlebt haben. Um zu wissen, ob eine Beförderung glücklich macht, sollte man denjenigen befragen, der diese Beförderung erlebt hat. Jemand, der befördert wurde, könnte umfassender erzählen, was mit der Beförderung zusammenhängt, z. B. mehr Anerkennung und Gehalt, aber weniger Zeit für die Familie, mehr Geschäftsreisen, mehr langwierige Meetings etc. Dann lässt sich realistischer einschätzen, ob eine Beförderung voraussichtlich glücklicher macht oder nicht.

Linktipp | In dem Video „The surprising science of happiness" erklärt Daniel Gilbert, warum wir falsche Voraussagen treffen, was uns glücklich macht: ▶ https://www.youtube.com/watch?v=4q1dgn_C0AU

Gibt es eine Glücksformel?

Man kann die Komplexität des Glücks nicht auf eine Formel reduzieren. Dennoch gibt es Versuche, das Glück auf eine Formel zu bringen. So schreibt Martin Seligman, der Pionier der Positiven Psychologie, als Formel folgende die Gleichung:

> G (Glück) = V (Vererbte Bandbreite erreichbaren Glücks) + L (Lebensumstände) + W (Faktoren, die unter der Kontrolle unseres Willens stehen) (Seligman 2005)

Doch die Gleichung hat keine klar definierten Maßeinheiten und ist daher nicht wirklich sinnvoll. Die Glücksformel besagt das, was Sonja Lyubomirsky mit konkreten Zahlen ausdrückt, nämlich dass 50 Prozent der Glücksfähigkeit angeboren ist, 10 Prozent von den Lebensumständen abhängt und 40 Prozent in unserer Hand liegt.

Auch das Buch des Wissenschaftsjournalisten Stefan Klein suggeriert mit dem Titel „Die Glücksformel", dass es einen einzigen Weg zum Glück gibt. Dass Glück jedoch sehr komplex ist, zeigen nicht nur die vielfältigen Aspekte, die er in seinem Buch beschreibt, sondern auch sein Resümee: „Es gibt sechs Milliarden Menschen, und sechs Milliarden Wege zum Glück." (Klein 2007, S. 283)

Ist Glücksfähigkeit genetisch bedingt?

Dass die genetische Veranlagung einen Einfluss auf die Glücksfähigkeit hat, ist bei Glücksforscher:innen unbestritten. Allerdings variieren die Angaben zwischen 30 bis 50 Prozent. Die genetische Veranlagung konnte anhand der Zwillingsforschung nachgewiesen werden. So haben eineiige Zwillinge, die getrennt wurden und unter sehr verschiedenen Lebensbedingungen aufgewachsen sind, einen ähnlichen Glückslevel. Die genetische Ausstattung spielt eine größere Rolle als die Umwelteinflüsse.
Die Glücksfähigkeit gilt als sehr stabil. Jeder Mensch hat einen Glücksfixpunkt, so sagt die → Set-Point-Theorie. Das ist ein Glückslevel, den jeder in sich trägt. Bei positiven Ereignissen gibt es einen Ausschlag des Glückslevels nach oben und bei negativen einen Ausschlag nach unten. Doch nach einiger Zeit kommen wir wieder auf den Glücksfixpunkt zurück. Eine australische Studie über sechs Jahre zeigte, dass verschiedene Lebensereignisse Auswirkungen auf die → Zufriedenheit nach oben oder nach unten hatten, aber dass die Versuchsteilnehmer:innen immer wieder auf ihren individuellen Glückslevel zurückkamen. Auch eine Studie mit US-Student:innen zeigt, dass freudige und traurige Ereignisse das Glücksniveau nur kurzfristig beeinflussen. „Und dieser Fixpunkt lässt sich, soweit wir wissen, nicht ändern. Er scheint fest verankert und lässt sich nicht beeinflussen oder kontrollieren." (Lyubomirsky 2018, S. 69). Dennoch, so betont Lyubomirsky, kann man das Glück beeinflussen, indem man positive Bedingungen für das Wohlgefühl schafft.

Linktipp | In dem kurzen Video „What Determines Happiness" erklärt Sonja Lyubomirsky, wovon Glück abhängt: https://www.youtube.com/watch?v=_URP3-V1sY4

Was haben glückliche Menschen gemeinsam?

Um herauszufinden, was glücklich macht, werden Untersuchungen angestellt, was besonders glückliche Menschen gemeinsam haben. So arbeiteten Ed Diener und Martin Seligman die Charakteristika von Menschen heraus, die auf der Skala der Glücksmessungen besonders weit oben stehen (Diener, Seligman u. a. 2018). Alle diese Menschen hatten sehr gute soziale Beziehungen und waren extrovertiert. Die Studie zeigte außerdem, dass die Gruppe der „sehr Glücklichen" (happiest group) in einer besseren körperlichen Verfassung war und weniger gesundheitliche Probleme hatte. Sie machten mehr Sport und rauchten weniger, sie fühlten sich ausgeruhter, waren weniger gestresst und hatten am Vortag etwas Neues gelernt. Und sie waren stolz auf etwas, das sie am Tag zuvor gemacht hatten. Die meisten hatten ein gutes Einkommen und konnten wählen, wie sie ihre Zeit verbringen. In der Gruppe der „Unglücklichen" (unhappy group) hatte die Hälfte keine soziale Unterstützung, die meisten hatten gesundheitliche Probleme und über die Hälfte hatte nicht genug Geld für Lebensmittel. Doch da die Studie auf den Daten von weltweiten Befragungen basiert, ist ein Vergleich schwierig, weil die ökonomische und soziale Lage in den Ländern sehr unterschiedlich ist.

Sonja Lyubomirsky nennt folgende Gemeinsamkeiten von glücklichen Menschen: Sie haben gute Beziehungen zum Partner oder zur Partnerin, zur Familie und zu Freund:innen. Es fällt ihnen leicht, Dankbarkeit auszudrücken, sie helfen anderen und haben einen optimistischen Blick in die Zukunft. Außerdem sind sie genussfreudig und leben mehr im Moment. Zudem haben sie körperliche Aktivitäten zur Gewohnheit gemacht, sind meistens spirituell oder religiös und haben größere Lebensziele, die sie anstreben, beispielsweise berufliche Ziele oder ein Haus zu bauen (Lyubormirsky 2008).

Insgesamt zeigen alle Studien, dass enge soziale Beziehungen der größte Glückfaktor sind. Auch Langzeitstudien bestätigen dies. Die längste Studie (→ Grant-Studie) wurde 1938 an der Harvard-Universität begonnen und führt seit 75 Jahren regelmäßig Untersuchungen und Befragungen von Menschen durch, die zu Beginn Jugendliche waren (Harvard Second Generation Study). Diese größte Langzeitstudie zeigt, dass kein Faktor, weder Reichtum noch Macht oder Erfolg, einen so langfristigen Einfluss auf das Wohlbefinden hat wie enge soziale Beziehungen.

Die Frage, was glückliche Menschen gemeinsam haben, soll Aufschluss darüber geben, was Menschen glücklich macht. Doch selbst Sonja Lyubomirsky sagt, dass der Rückschluss nicht so einfach gemacht werden kann. Es ist fraglich, ob wir mit diesen Faktoren so glücklich wären wie die glücklichen Menschen. Es besteht eine Korrelation zwischen Glück und gelingenden Beziehungen, aber es stellt sich auch die Frage nach der Henne und dem Ei: Was war zuerst? Haben glückliche Menschen gute Beziehungen oder machen gute Beziehungen glücklich?

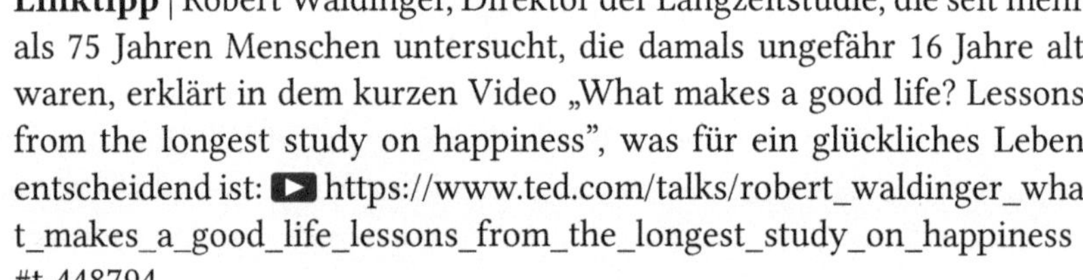

Linktipp | Robert Waldinger, Direktor der Langzeitstudie, die seit mehr als 75 Jahren Menschen untersucht, die damals ungefähr 16 Jahre alt waren, erklärt in dem kurzen Video „What makes a good life? Lessons from the longest study on happiness", was für ein glückliches Leben entscheidend ist: https://www.ted.com/talks/robert_waldinger_what_makes_a_good_life_lessons_from_the_longest_study_on_happiness#t-448794

Was sind die wichtigsten Faktoren für langfristiges Glück?

Der wichtigste Faktor für langfristiges Glück sind enge Beziehungen. Andere bedeutsame Faktoren sind Kompetenz- und Leistungsziele. Damit sind nicht nur berufliche Erfolge gemeint. Vielmehr geht es darum, seine Stärken einzubringen, seine Kompetenzen zu entwickeln und etwas Neues zu lernen. Das kann man auch bei ehrenamtlichen Aufgaben oder bei der Ausübung eines Hobbys erfahren. Ein weiterer förderlicher Faktor für Wohlbefinden ist, dass man sich nicht nur um sich selbst dreht, sondern auch für andere da ist. Etwas weiterzugeben, auch an die nächste Generation, fördert positive Gefühle und Sinnhaftigkeit. Diese Menschen sind zum Beispiel ehrenamtlich tätig oder engagieren sich

für die Gesellschaft und Umwelt. Ein anderer einflussreicher Faktor ist Spiritualität und Transzendenz. Dabei geht es nicht nur um Religion, sondern um die Auseinandersetzung mit Fragen, die über das Leben hinausgehen, wie Lebenssinn, aber auch Dankbarkeit.
Der Glücksforscher Ed Diener betont, dass es kein Leben ohne Schwierigkeiten und Probleme gibt, aber es zeichnet glückliche Menschen aus, dass sie damit positiv umgehen, sich auf die angenehmen Dinge besinnen und ihre Stärken einsetzen.
Die Glücksforscherin Sonja Lyubomirsky nennt „fünf Schlüssel zu lebenslangem Glück“ (Lyubomirsky 2008):

1. Positive Emotionen, indem man Aktivitäten ausübt, die man gerne macht und die langanhaltende angenehme Gefühle nach sich ziehen
2. Optimales Timing und Abwechslung
3. Soziale Unterstützung durch nahestehende Personen
4. Motivation, Einsatz und Engagement: Man muss den Entschluss fassen, ein Programm zu beginnen, um glücklicher zu werden.
5. Gewohnheit: Das erfordert Wiederholung und Übung. Dennoch warnt Sonja Lyubomirsky vor Gewöhnung und Routine. Die Gewöhnung an Glücksaktivitäten bereiten den Boden, aber sie sollten immer wieder auf eine andere Art und Weise durchgeführt werden.

Linktipps | Der Glücksforscher Ed Diener fasst in diesem kurzen Interview zusammen, welche Faktoren für das Wohlbefinden entscheidend sind: „What You Need to be happy“. https://www.youtube.com/watch?v=7qSdZPAybf0

Kurz und kompakt stellt das Video in Zeichnungen von Mike Evans dar, welche Faktoren für unser Glück verantwortlich sind. “The science of Subjective Well Being, a. k. a Happiness”: https://www.youtube.com/watch?v=PPbjK3MmjL0

Gibt es bestimmte Charakterstärken, die glücklich machen?

Die amerikanische Glücksforschung hat verschiedene Tugenden und Charakterstärken aus ihren Forschungsergebnissen herausgearbeitet.

Christopher Peterson und Martin Seligman suchten in der Weisheitsliteratur nach Charaktereigenschaften, die als allgemeingültig für alle Kulturen gelten (Peterson und Seligman 2004). Sie stellten sechs Tugenden und 24 Charakterstärken auf, die sie für wesentlich halten, um glücklich zu werden. Die sechs Tugenden sind

1. Weisheit und Wissen,
2. Mut,
3. Menschlichkeit,
4. Gerechtigkeit,
5. Mäßigung,
6. Transzendenz.

Diesen Tugenden sind Charakterstärken zugeordnet. Bei Weisheit und Wissen geht es um kognitive Stärken wie Kreativität, Neugier, Urteilsvermögen und Aufgeschlossenheit, Freude am Lernen und Weitsicht. Bei Mut zählen emotionale Stärken wie Tapferkeit, Ausdauer, Integrität, Vitalität. Bei Menschlichkeit sind interpersonale Stärken wesentlich, wie Liebe, Freundlichkeit und soziale Intelligenz. Die Tugend Gerechtigkeit zielt auf die Stärkung des Gemeinwesens ab (zivile Stärken). Hier sind soziale Verantwortung, Fairness und Führungsstärke von Bedeutung. Mäßigung soll Exzessen entgegenwirken, ihr werden die Charakterstärken Vergebungsbereitschaft und Mitleid, Bescheidenheit, Besonnenheit und Selbstregulation zugeordnet. Bei Transzendenz geht es um spirituelle Stärken und Sinnfindung. Hier zählen Sinn für das Schöne, Dankbarkeit, Hoffnung, Humor und Spiritualität.

Literaturtipp | In diesem Buch werden die Tugenden und Charakterstärken näher ausgeführt: Peterson, Christopher und Seligman, Martin E.P.: Character Strength and Virtues. A Handbook and Classification. New York: Oxford University Press 2004.

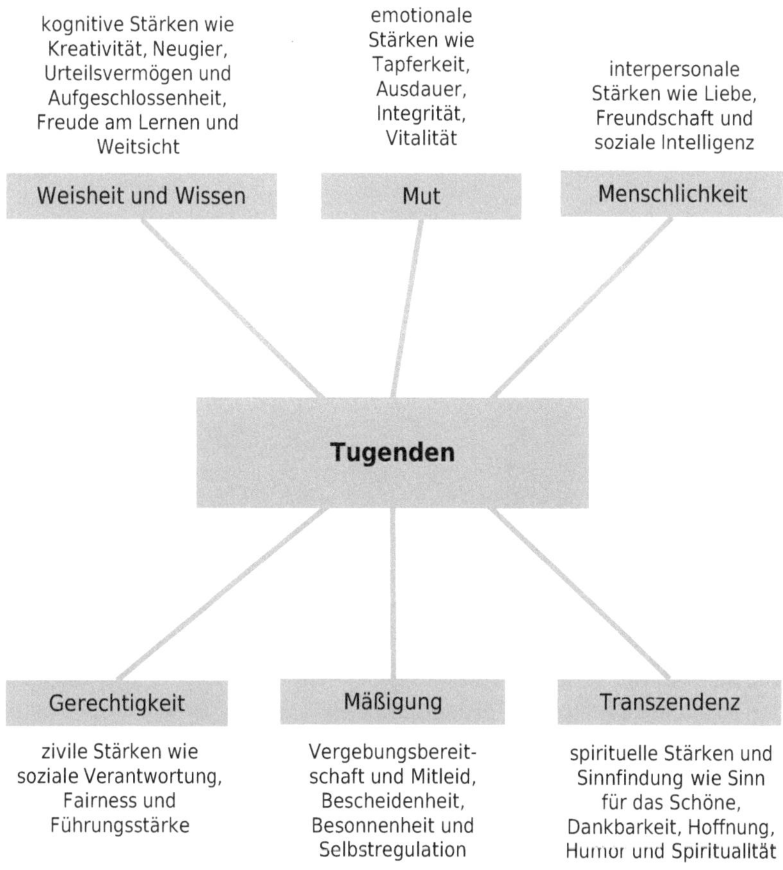

Abb. 2 | Tugenden und Charakterstärken nach Peterson und Seligman (2004)

Macht die Ehe glücklich?

Viele Studien kommen zu dem Ergebnis, dass verheiratete Paare glücklicher sind als Singles und etwas glücklicher als Menschen in einer Partnerschaft (Schröder 2020, S. 53). Glückliche Menschen sind häufiger verheiratet und haben bessere Beziehungen. Doch hier stellt sich wieder die Frage nach der Henne und dem Ei. Was war zuerst da? Finden positiv gestimmte Menschen leichter einen Partner oder eine Partnerin? Oder macht die Beziehung Menschen glücklicher? Innige Beziehungen sind ein großer Glücksfaktor.

Es gibt jedoch auch Menschen, die sich in Beziehungen einsam fühlen und deshalb nicht glücklich sind. Auch geliebt zu werden, macht nicht immer glücklich. Wichtiger ist, zu lieben und damit auf Gegenliebe zu stoßen.

Empirisch zeigt sich, dass die → Zufriedenheit der Menschen zwei Jahre vor der Eheschließung ansteigt, was mit einem Erwartungseffekt zu erklären ist. Danach hält das Glück noch zwei Jahre an und sinkt dann deutlich ab (Schwarz 2008). Die Auswertung des → Sozio-oekonomischen Panels ergibt, dass das Zufriedenheitsniveau eines Ehepaars elf Jahre später auf dem gleichen Niveau ist wie vorher und nach 15 Jahren sogar weiter absinkt (Schröder 2020, S. 56). Bei unverheirateten Paaren ist es ähnlich. Paare, die später heiraten, ungefähr Mitte dreißig, sind glücklicher als Paare, die früher heiraten (Schröder 2020, S. 50).

Machen Kinder glücklich?

Im Allgemeinen geben Väter und Mütter an, dass ihre Kinder eine große Glücksquelle sind. Doch auch hier kommt die Glücksforschung zu anderen Ergebnissen. Manche Studien zeigen, dass die Zufriedenheit von Paaren deutlich absinkt, wenn sie Kinder bekommen. Sie erholt sich wieder etwas, aber wenn die Kinder im Teenageralter sind, ist die Zufriedenheit auf dem Tiefpunkt. Erst wenn die Kinder aus dem Haus sind, steigt der Glückslevel deutlich an (Schwarz 2008). Andere Analysen kommen zu dem Schluss, dass Kinder keinen großen Einfluss auf das subjektive Wohlbefinden haben. Kinder senken nicht die Zufriedenheit, aber sie machen auch nicht glücklicher (Schröder, S. 32).

Die unterschiedlichen Ergebnisse, ob Kinder glücklich machen oder nicht, hängen mit unterschiedlichen methodischen Zugängen zusammen. Eltern bewerten es positiv, Kinder zu haben, wenn sie allgemein beurteilen sollen. Sie erinnern sich in der allgemeinen Bewertung an Aktivitäten, die sie mit den Kindern unternommen haben. Zudem ist die Antwort von sozialer Erwünschtheit beeinflusst. Von Eltern wird erwartet, dass sie gerne Zeit mit ihren Kindern verbringen. Bei detaillierten Untersuchungen des Alltags mittels der → Tagesrekonstruktionsmethode zeigt sich, dass es im Tagesablauf viele Interaktionen mit Kindern gibt, die nicht besonders erfreulich sind (Schwarz 2008). Die Tagesrekonstruktionsmethode ist auch deshalb zuverlässiger, weil die soziale Erwünschtheit weniger in das Ergebnis einfließt. Es ist akzeptiert zu sagen, dass einem die Kinder am Abend auf die Nerven gegangen sind, nicht aber, dass man im Allgemeinen mit seinen Kindern nicht gern zusammen ist.

Dennoch stellt sich die Frage, ob sich bewerten lässt, welchen Einfluss Kinder auf das Glück haben. So wird beispielsweise nicht die Intensität des Glücks gemessen. Glück besteht nicht nur aus der Aneinanderreihung möglichst vieler Glücksmomente, sondern hat viele Aspekte. Glück hat beispielsweise eine besondere Qualität, wenn etwas sinnstiftend ist. Und für viele Menschen hat es trotz allen Herausforderungen einen tiefen Sinn, Kinder zu haben, für sie zu sorgen und sie ins Leben zu begleiten.

Macht Geld glücklich?

Es ist eine fatale Fehlannahme, dass Geld glücklich macht. Zwar sagen viele, dass Geld nicht glücklich macht und doch werden reiche Menschen oder zumindest Menschen, die sich mehr leisten können als man selbst, beneidet. Intuitiv nimmt man an, dass man glücklicher wäre, wenn man mehr Geld hätte, sich ein besseres Auto oder einen teureren Urlaub leisten könnte. Studien zeigen, dass die meisten Menschen – egal, wieviel sie verdienen – denken, dass sie glücklicher wären, wenn sie 20 Prozent mehr verdienen würden (Schwarz 2008). Weil Geld ein Anreiz ist, wird bei Studien Geld als Belohnung eingesetzt. Geld und Essen geben eine messbare Belohnungsantwort im Gehirn, das heißt, es werden → „Glückshormone" ausgeschüttet. Doch Geld macht nur kurzfristig glücklich. In einer Studie von 792 reichen Menschen mit einem Privatvermögen von über 10 Millionen US-Dollar, sagte die Hälfte der Befragten, dass ihr Reichtum sie nicht glücklicher gemacht habe. Ein Drittel meinte sogar, dass Geld mehr Probleme schaffen als lösen würde (Lyubomirsky 2008, S. 56). Tatsächlich zeigt sich, dass reiche Menschen weniger Zeit mit Freunden und angenehmen Dingen verbringen und im Alltag viele Sorgen und Ärger haben. Möglicherweise müssen sich reiche Menschen mehr um ihren Besitz kümmern und machen sich Sorgen, den Besitz wieder zu verlieren.

In reichen Ländern schätzen sich die Wohlhabenden nur geringfügig zufriedener ein als Arme. Und betrachtet man Langzeitstudien, so zeigt sich, dass die → Zufriedenheit der Menschen trotz wachsendem Wohlstands nicht angestiegen ist (Schwarz 2008).

Viele Studien zeigen, dass Geld nur dann einen großen Einfluss auf das Subjektive Wohlbefinden hat, wenn die Grundversorgung nicht gesichert ist. Wenn man sich Sorgen macht, ob man seine Miete bezahlen kann, dann spielt Geld eine sehr große Rolle. Mit höherem Einkommen wird der Einfluss geringer. Der Soziologe Martin Schröder hat bei der Untersuchung des → Sozio-oekonomischen Panels festgestellt, dass sich die Zufriedenheit bei den ersten 2.000 €, die man verdient, deutlich steigert. Bei zunehmendem Verdienst steigt die Zufriedenheit nur geringfügig an und bei 7.000 € ist kein Zusammenhang zwischen Geld und Zufriedenheit festzustellen (Schröder 2020). Wenn man mehr Geld hat, gibt man mehr aus, so dass man bald nicht mehr zur Verfügung hat als vorher. Zudem gewöhnt man sich sehr schnell an den neuen Standard. Selbst bei einem hohen Lottogewinn geht der Glückslevel nach einem bis zwei Jahren wieder auf den ursprünglichen Level zurück. Man gewöhnt sich an den neuen Lebensstandard.

Dass Geld nur einen geringen Einfluss auf das Wohlbefinden hat, liegt auch daran, dass sich der Vergleichsmaßstab verschiebt. Hat man endlich das ersehnte Boot, dann vergleicht man sich mit denen, die eine Yacht haben. Die meisten genießen Reichtum vor allem dann, wenn die anderen in ihrer Umgebung weniger Geld haben. Ein Experiment hat gezeigt, dass die Hälfte der Befragten es bevorzugen, 50.000 Dollar zu bekommen, wenn die anderen halb so viel bekommen, anstatt 100.000 Dollar, wenn die anderen doppelt so viel bekommen (Schröder 2020, S. 88). Geld macht vor allem dann glücklich, wenn man mehr als andere hat. Um glücklich zu sein, muss der Vergleichsfaktor geändert werden (Binswanger 2019). Es ist also glückbringender, wenn man sich ein großes, schönes Haus in einer Vorstadtwohngegend kauft als ein kleines Haus in einer Villengegend.

Linktipp | In diesem Vortrag erklärt der Wirtschaftswissenschaftler Mathias Binswanger, warum mehr Geld nicht glücklicher macht: https://www.youtube.com/watch?v=LyIuVt8utp8

Macht Vergleichen unglücklich?

Es kommt darauf, mit wem man sich vergleicht. Vergleicht man sich mit Menschen, die schöner, erfolgreicher und wohlhabender sind, kann Unzufriedenheit entstehen. Vergleicht man sich aber mit Menschen, denen es nicht so gut geht wie uns, kann ein Gefühl der Dankbarkeit daraus resultieren. Sich überhaupt nicht zu vergleichen, ist für die meisten Menschen nicht möglich, weil die Einordnung der Selbstvergewisserung dient, an welchem Platz man in der Gesellschaft steht. Für viele Menschen ist der Status wichtig. Der Wirtschaftswissenschaftler Mathias Biswanger rät, sich das passende Umfeld zu suchen (Biswanger 2006). Wer sich nur ein kleines Haus leisten kann, sollte nicht neben einer Villa bauen. Statt in einer teuren Wohngegend ein kleines Haus zu bauen, wäre es klüger, sich in einer günstigeren Wohngegend ein schönes Haus zu bauen, das größer ist als das der Nachbarn. Sein Kind in einer teuren Privatschule unterzubringen, die man sich gerade so leisten kann, ist für das Kind nicht glücksfördernd, weil es von Kindern umgeben ist, die von ihren wohlhabenden Eltern die teuersten Handys und Markenkleidung bekommen. Als Beispiel dafür, wie bedeutend das geeignete Umfeld ist, erzählt Mathias Biswanger von einem Schweizer Sänger, der im Ausland unbekannt, aber in der Schweiz ein großer Star ist. Würde er die internationale Bühne suchen, wäre er nur einer von vielen.

Kann man trotz Schicksalsschlägen glücklich sein?

Studien zeigen, dass man sich von Schicksalsschlägen wieder erholt und auf seinen gewohnten Glückslevel kommt (Schröder 2020, S. 198f.). Das ist mit der → Set-Point-Theorie zu erklären (siehe dazu auch die Frage „Was ist die Set-Point-Theorie?“). Zunächst kommt man nach einem Schicksalsschlag an einen Tiefpunkt, doch dann passt man sich an die neue Lebenssituation an. Die Dinge, die man schon vorher wertgeschätzt hat, wie Freundschaften, gutes Essen, Hobbys, gewinnen wieder an Bedeutung. Auch von einer Behinderung erholt man sich erstaunlich gut. Manche finden auch einen Sinn in diesem Schicksalsschlag und richten ihr Leben neu aus. Die Tänzerin Sophie in einer MDR-Doku (siehe dazu den Linktipp am Ende der Frage) findet ihr Glück, obwohl sie nach einer Krankheit querschnittsgelähmt ist. Sie erklärt, dass man vielen Glückserwartungen hinterherrennt, die in der Gesellschaft oder für andere wichtig sind: Erfolg, Partner, Geld. Man muss sich von solchen Erwartungen lösen und fragen, was einen selbst erfüllt. Man solle bei einer Behinderung nicht fragen „Warum“, sondern die Möglichkeiten nutzen, die man hat. Das sagt auch Georg Fraberger, ein österreichischer Psychologe ohne Arme und Beine. Er erklärt, dass er bei der Berufswahl keine Chance gehabt hätte, Landwirt zu werden, aber als Psychologe spiele seine Behinderung keine Rolle, sei sogar noch von Vorteil.

Literatur- und Linktipps | In dieser Doku des MDR werden unterschiedliche Menschen gefragt, wie sie Glück erleben: u. a. ein Extrembergsteiger, eine behinderte Tänzerin, ein Bäcker. Daneben erklären Wissenschaftler, wie Glück entsteht: „Was macht uns glücklich? Die Fragen nach dem Glück und dem Sinn des Lebens." https://www.youtube.com/watch?v=TZE1SuTtrD0
Georg Fraberger erzählt in seinen Büchern, wie er mit seiner Behinderung glücklich lebt. Eines seiner Bücher: Fraberger, Georg: Ein ziemlich gutes Leben. Salzburg: Ecowin 2014.

Hat eine größere Wahlmöglichkeit eine positive Auswirkung auf das Glück?

Die große Wahlfreiheit stellt uns vor große Schwierigkeiten. Wir leben so selbstbestimmt wie kaum eine Generation vor uns. Wir können entscheiden, welchen Beruf wir ergreifen, wen wir lieben, wie wir uns anziehen, wie wir wohnen. Aber die große Auswahl macht auch unglücklich. Man versucht aus dieser Vielfalt das Beste zu bekommen. Und man ist selbst verantwortlich, die richtige Wahl zu treffen. Gut genug reicht angesichts dieser Vielfalt nicht mehr aus. Die große Auswahl weckt auch unrealistische Erwartungen. Die Enttäuschung ist schon vorprogrammiert.

Der amerikanische Glücksforscher Barry Schwartz hat über Wahlmöglichkeiten geforscht und erklärt, dass es ein Paradox ist (Schwartz 2014): Menschen macht es einerseits glücklicher, wenn sie zwischen verschiedenen Optionen wählen können, andererseits macht es sie unglücklicher, wenn es zu viele Wahlmöglichkeiten gibt. Bei einer großen Angebotsvielfalt sind wir immer unzufrieden, weil wir befürchten, etwas übersehen und eine falsche Entscheidung getroffen zu haben. Eine große Konsumauswahl beschäftigt uns gedanklich, so dass wir uns viel mit Dingen beschäftigen, die letztendlich keine großen Glücksquellen sind. Das betrifft vor allem Menschen, die versuchen, die beste Qualität für den günstigsten Preis zu bekommen (Maximizer). Glücklicher macht die Einstellung, wenn etwas

„gut genug" ist (Satisficer). Ein Satisficer hat zwar auch Ansprüche und Maßstäbe, aber wenn etwas seinen Ansprüchen genügt, kauft er es und sucht nicht weiter, um das Optimum zu finden und das zum günstigsten Preis. Oft können die Maximizer ihren Kauf nicht genießen, weil sie denken, dass es vielleicht noch etwas Besseres oder Günstigeres gibt. Sie verfallen leichter in eine sogenannte „Kaufreue".

Eine Entscheidung zu fällen bedeutet, sich für etwas zu entscheiden und gleichzeitig sich gegen vieles zu entscheiden. „Gut genug" macht also glücklicher als „das Beste" zu suchen.

Welchen Einfluss hat Gesundheit auf das Glücksempfinden?

Oft wird gesagt, dass Gesundheit am wichtigsten für das Glück sei: „Hauptsache gesund!" Und auch die Studie von Martin Schröder auf der Basis des → Sozio-oekonomischen Panels ergibt, dass kaum etwas einen so hohen Einfluss auf das Glücksempfinden hat wie Gesundheit (Schröder, S. 180), vor allem, wenn die Krankheit mit Schmerzen verbunden ist.

Andere Studien über Krankheit kommen zu anderen Ergebnissen. So vermuten gesunde Menschen, dass sie bei einer Krankheit sehr viel unglücklicher wären. Und Menschen, die an einer chronischen Krankheit oder an einer Behinderung litten, waren überzeugt, dass sie vor ihrer Krankheit glücklicher waren. Doch tatsächlich zeigen Befragungen von chronisch kranken und behinderten Menschen über ihre gegenwärtige Gefühlslage, dass sich ihre Lebenszufriedenheit kaum von gesunden Menschen unterscheidet (Schwarz 2008). Das liegt vermutlich daran, dass bei der Einschätzung glücksfördernde Faktoren außer Acht gelassen werden, die kranke Menschen genauso erleben wie gesunde Menschen, wie z. B. Freundschaften, ein gutes Essen, ein schöner Film. Ein kranker Mensch kann deshalb glücklicher sein als ein gesunder Mensch, der beispielsweise in einer schwierigen Partnerschaft lebt.

Am Anfang der Krankheit sind die meisten Menschen unglücklich. Es dominieren negative Gefühle wie Traurigkeit, Wut und Hilflosigkeit. Mit der Zeit pendelt man sich wieder auf seinen vorherigen Glückslevel ein. Außerdem passen sich im Laufe der Zeit Erwartungen und Vergleichsstandards der veränderten Situation an. So kann man vielleicht keinen Sport mehr machen, aber dafür kreativ oder künstlerisch arbeiten, wofür man zuvor keine Zeit hatte. Die → Zufriedenheit bei kranken Menschen ist auch deshalb höher als erwartet, weil sich die Krankheit nicht so negativ auf das Leben auswirkt wie zuvor befürchtet. Auch hier zeigt sich wieder, welch ein entscheidender Einfluss Vergleichsmaßstäbe auf das Wohlbefinden haben.

Dass wir der Gesundheit einen größeren Einfluss zuschreiben als er tatsächlich hat, zeigt eine Studie mit Dialysepatient:innen (Lyubomirsky 2008, S. 63). Man untersuchte sie und als Kontrollgruppe gesunde Menschen. Beide Gruppen waren der Überzeugung, dass sich die gesunden Menschen glücklicher fühlen würden. Doch die Studie, bei der die Testpersonen mittels eines elektronischen Geräts alle 90 Minuten gefragt wurden, wie sie sich fühlten, zeigte, dass beide Gruppen gleich glücklich waren. Die Dialysepatienten hatten sich an die neue Situation angepasst. Dennoch waren sie sich sicher, dass sie glücklicher seien, wenn sie gesund wären.

Die Studien in der Glücksforschung zeigen, dass wir uns an neue, auch schwierige, Situationen besser anpassen als wir vermuten.

Machen Ferien und Freizeit glücklich?

Die meisten Menschen sind überzeugt, dass freie Zeit glücklicher macht als arbeiten. Sowohl in der Vorstellung als auch in der Erinnerung wird Freizeit sehr positiv bewertet. Auch an den Urlaub haben viele Menschen sehr angenehme Erinnerungen, weil sie den Sonnenbrand und die überfüllten Strände ausblenden. In einer Studie wurden Student:innen gebeten, zu prognostizieren, wie sie sich in den nächsten Ferien fühlen würden. In den Ferien wurde mittels der → Erfahrungsstichprobe mehrmals täglich erfasst, was sie machten und wie sie sich dabei fühlten. In den Voraussagen verbanden sie die Ferien mit viel positiveren Gefühlen als sie dann tatsächlich erlebten. Als sie sich einige Tage später wieder an ihre Ferien erinnern sollten, stimmten ihre Beurteilungen mit den Prognosen überein, die sie vorher abgaben, aber nicht mit dem tatsächlichen Erleben (Schwarz 2008). Die Studie zeigt, dass das Glück von Urlaub und Freizeit überschätzt wird.

Zu wenig Freizeit macht genauso unzufrieden wie zu viel Freizeit. Drei bis vier Stunden am Wochentag sind angenehm, danach wird man unzufrieden. Auch am Wochenende ist Freizeit wichtig, aber je mehr Freizeit man hat, umso unwichtiger wird jede zusätzliche Stunde. Ab ungefähr drei Stunden hat zusätzliche Freizeit keine Auswirkungen mehr auf das Glücksempfinden (Schröder 2020, S. 120).

Beim Urlaub ist es ähnlich. Man ist schon mit fünf Tagen zufrieden. Längerer Urlaub steigert die Zufriedenheit nicht nennenswert. Diese Auswertung der Daten des → Sozio-oekonomischen Panels geht allerdings nicht darauf ein, welchen Unterschied es macht, wie man seine Freizeit verbringt. Die Ergebnisse würden wahrscheinlich unterschiedlich ausfallen, je nachdem, ob man seine Freizeit in den Sozialen Medien verbringt, mit Freunden etwas unternimmt oder ob man sich ehrenamtlich engagiert. Man sieht hier, wie undifferenziert quantitative Forschungen oft sind.

Sind schönere Menschen glücklicher?

Welche Rolle Attraktivität für das Glücksempfinden spielt, ist unklar. Der Soziologie Martin Schröder kommt nach der Auswertung der Daten des → Sozio-oekonomischen Panels zu dem Ergebnis, dass Frauen und Männer zufriedener sind, wenn sie von anderen (vor allem von Frauen) als attraktiv eingeschätzt werden (Schröder 2020, S. 2013ff). Dass Attraktivität eine entscheidende Rolle spielt, kann an den positiven Begleiterscheinungen liegen. Attraktive Menschen werden als intelligenter und kompetenter eingestuft, bekommen mehr Anerkennung, bessere Arbeitsplätze, verdienen mehr und haben auch auf dem Partnermarkt eine größere Auswahl. Dennoch stellt sich die Frage, ob diese Vorteile auch Auswirkungen auf das Glücksempfinden haben. Denn viele attraktive Menschen leiden auch an Selbstzweifel. Sie fragen sich, ob die Aufmerksamkeit ihnen als Persönlichkeit gilt oder nur ihrem attraktiven Äußeren. Dass Schönheit offenbar nicht glücklich macht, zeigt sich auch daran, dass sich viele Menschen trotz ihrer Attraktivität einer Schönheitsoperation unterziehen, um noch schöner zu werden. Die Tendenz ist steigend. Die meisten Menschen sind zwar nach einer Schönheitsoperation zufrieden, jedoch nur eine begrenzte Zeit. Die Ursache, warum Schönheit keine großen Auswirkungen auf das Glücksempfinden hat, erklärt Sonja Lyubomirsky damit, dass man nicht an sein Aussehen denkt, während man in sich hineinhört und sich überlegt, ob man glücklich ist. „Wenn gutaussehende Menschen gefragt werden, ob sie mit ihrem Aussehen zufrieden sind, dann sagen sie ‚ja'. Aber wenn man sie fragt, ob sie insgesamt glücklich sind, dann hat ihr Aussehen kaum Einfluss auf ihr Urteil, wenn überhaupt." (Lyubomirsky 2008, S. 58). Andere Studien zeigen, dass es nicht glücklicher macht, schöner zu sein als andere, doch wenn man sich selbst für schöner hält, dann hat es einen positiven Einfluss auf das Glücksempfinden.

Sind jüngere Menschen glücklicher als ältere?

Die Ergebnisse sind unterschiedlich. Oft wird der Zusammenhang zwischen Alter und Lebenszufriedenheit mit einer U-Form beschrieben. Junge Menschen um 20 Jahre sind zufriedener als Menschen mit 40 oder 50 Jahren. Im späteren Alter mit 70 Jahren hingegen sind die Menschen wieder glücklicher und erreichen nahezu den Level wie in jungen Jahren (Diener und Oishi 2018, S. 13). Doch das Glücksempfinden unterscheidet sich: Die Zufriedenheit der Älteren ist eher gleichbleibend, während junge Menschen größere Ausschläge nach oben und unten auf ihrem Gefühlslevel zeigen. Sie können sehr glücklich, aber auch sehr unglücklich sein. Der Grund für die U-Form wird darin gesehen, dass in der Mitte des Lebens die „rush hour" ist, in der alles zusammenkommt: Beruf und Karriere, Kindererziehung, Pflege der Eltern und vielleicht noch Hausbau. Martin Schröder kommt hingegen in der Auswertung der Daten des → Sozio-oekonomischen Panel zu dem Ergebnis, dass die → Zufriedenheit im Alter stark absinkt, es sei denn, man ist gesund. Dann sinkt die Kurve langsamer ab (Schröder 2020, S. 182f). Schröder argumentiert, die unterschiedlichen Forschungsergebnisse kommen dadurch zustande, dass bei vielen Studien nicht der Lebensverlauf einzelner Personen ausgewertet wurde, sondern Personengruppen unterschiedlichen Alters. Die Älteren zeigten eine größere Zufriedenheit, da sie ihre Jugend in der Kriegs- und Nachkriegszeit erlebt hatten und es ihnen im Alter vergleichsweise gut ging. Wenn man die Zufriedenheit eines Menschen im Lebensverlauf verfolgt, sinkt die Zufriedenheit (Schröder 2020, S. 184).

Dennoch gibt es zahlreiche andere Studien, die zu dem Ergebnis kommen, dass ältere Menschen glücklicher sind. Norbert Schwarz zeigt, dass die Einschätzung über Glück und Alter auseinanderklaffen (Schwarz 2008). Dreißigjährige prognostizieren ebenso wie Siebzigjährige, dass die Dreißigjährigen glücklicher sind. Wenn man jedoch die Menschen nach ihrem aktuellen Glücksbefinden fragt, dann berichten die Siebzigjährigen über eine höhere Zufriedenheit. Viele Untersuchungen bestätigen dieses Ergebnis, schränken allerdings ein, dass die Zufriedenheit in den letzten Lebensjahren deutlich absinkt, weil sie oft von Leiden begleitet sind.

Die Forschung ist auch hier sehr undifferenziert. Die Zufriedenheit hängt von vielen Faktoren ab, z. B. ob man einsam ist oder mit Familie und Freund:innen verbunden ist. Auch wie man seine Zeit gestaltet, spielt eine Rolle, ob man eine Aufgabe hat, sich ehrenamtlich engagiert und das Gefühl hat, gebraucht zu werden oder ob man sich überflüssig fühlt. Auf die Zufriedenheit haben ältere genauso Einfluss wie jüngere Menschen. Zudem spielt auch mit hinein, dass Menschen sich gut an veränderte Lebenssituationen anpassen können, wie schon beim Thema Gesundheit gezeigt wurde.

Kann man Glücksfähigkeit trainieren?

In der Glücksforschung liegt der Fokus sehr stark darauf, Verhaltensweisen und Haltungen aufzuzeigen, die dazu verhelfen sollen, glücklicher zu werden. Die Erkenntnisse werden in Glücksratgebern, Zeitschriften und Internetseiten aufgenommen und verbreitet. Tatsächlich klingen die Ratschläge, wie man glücklicher wird, sehr einleuchtend, überzeugend und leicht. An Rezepten und Lernprogrammen fehlt es nicht. Es gibt inzwischen auch Apps wie Happify, mit denen man trainieren kann, glücklicher zu werden.

Zu der Frage, ob man Glück lernen kann, gibt es unterschiedliche Meinungen. Es gibt Studien, die darlegen, dass Glück sich mit speziellen Techniken und Verhaltensmaßnahmen steigern lässt, wie beispielsweise Beziehungen pflegen, das Selbstwertgefühl stärken, sich auf Positives konzentrieren (Fordyce 1983).

Der Wissenschaftsjournalist Stefan Klein ist der Überzeugung, dass sich Glück trainieren lasse, denn Glück entsteht im Kopf (Klein 2007). Man müsse positive Gedanken speichern und negative Gedanken ausschalten. „Wir haben also einen natürlichen Aus-Schalter für die schlechten Gefühle. Und mehr noch: Mit etwas Training können wir ihn wissentlich betätigen." (Klein 2007, S. 238) Der Erziehungswissenschaftler Timo Hoyer argumentiert dagegen: „Ein schauriges Bild von Selbstbeherrschung: Der Mensch als Stromkreislauf, der seine unliebsamen Gefühle per Knopfdruck beseitigt." (Hoyer 2007, S. 239)

Zwar hat die Neurowissenschaft in den letzten Jahren gezeigt, dass sich das Gehirn auch noch im Erwachsenenalter verändert, weil beim Lernen neue Nervenverbindungen entstehen, doch das heißt nicht, dass alles machbar ist. Unsere Lernfähigkeit hat Begrenzungen. Die Erkenntnis, wie sich Glück steigern lässt, sieht in der Theorie sehr einfach aus. Doch in der Praxis ist dies nur schwer umzusetzen, weil wir unsere Persönlichkeit, unseren Charakter und unsere Prägung nicht so einfach ändern können.

Der Philosoph Ulrich Pothast sagt, dass Glück unverfügbar ist (Pothast 2008). Es entzieht sich dem direkten Zugriff. Man kann sich nicht verordnen, glücklich zu sein, genauso wenig wie man sich vornehmen kann, jemanden zu lieben. Doch es ist möglich, Voraussetzungen zu schaffen, um die → Zufriedenheit zu erhöhen. Auch Mihaly Csikszentmihalyi ist der Überzeugung, dass man Glück nicht erreichen kann, indem wir nach ihm suchen. Er argumentiert jedoch ebenfalls, dass man gute Bedingungen schaffen kann, um Glück zu erleben. Für ihn sind es Tätigkeiten, in denen man ganz aufgeht. In seinen Forschungen beschreibt er den Zustand als Flow (siehe auch die Frage „Ist Flow das gleiche wie Glück?"). Doch auch die untersuchten Menschen in seinen Forschungen, beispielsweise Chirurg:innen, Künstler:innen oder Bergsteiger:innen, die in einen Flowzustand geraten, können den Flow nicht produzieren. Glück zu lernen ist ein Ziel, das nicht erreicht werden kann und deshalb eher unglücklich macht. Zu diesem Ergebnis kommen auch neuere Studien (Mauss u. a. 2011). Die Beschäftigung mit Glück steigert nicht das Glück, sondern hat sogar eine zerstörerische Funktion, weil die Erwartungshaltung sehr hoch ist. Das Glück, das man sich erhofft, wird nicht erreicht. Die Folge sind Enttäuschung und Frustration.

Auch Robert Waldinger, Psychiater, Therapeut und Direktor der seit 1938 andauernden Harvard-Langzeitstudie über Glück (→ Grant-Studie) sagt: "Die Vorstellung, einfach eine bestimmte Abfolge von Verhaltensweisen abzuwickeln und dadurch Zufriedenheit zu erlangen, ist ein Mythos. Das hat nichts mit dem echten Leben zu tun." (Stäuble 2003) Was man wirklich für sein Glück tun kann, erklärt Robert Waldinger, ist in Beziehungen zu investieren. Dazu sind aber nicht viele bereit, weil es ein langer, mitunter mühsamer Prozess ist.

Wie hängen Glück und Dankbarkeit zusammen?

Dankbarkeit hat einen großen Einfluss auf das Glücksempfinden, weil sich die Perspektive auf die Dinge ändert. Der Blick ist nicht auf sich und die eigene Leistung gerichtet, sondern erkennt an, dass Glück auch von äußeren Faktoren abhängig ist, von anderen Menschen und vom Zufall. Amerikaner haben eine größere Schwierigkeit mit Dankbarkeit als Deutsche, weil

Dankbarkeit ein Gefühl der Abhängigkeit hervorruft. Für Amerikaner hat Unabhängigkeit und Stärke einen hohen Wert. Der Psychologieprofessor Robert A. Emmons forscht über Dankbarkeit. Er schreibt, dass Dankbarkeit eine frei gewählte Haltung ist, die nicht abhängig von objektiven Lebensumständen wie Reichtum, Gesundheit, Erfolg ist (Emmons 2008). In seinen Studien zeigt er, dass die Fokussierung auf positive Momente am Tag eine signifikante Auswirkung auf das Glücksempfinden hat. Deshalb empfiehlt er, ein Dankbarkeitstagebuch zu schreiben. Die Ergebnisse seiner Studien zeigten, dass Menschen, die ein Dankbarkeitstagebuch führten, sich besser fühlten als die Kontrollgruppe, die nichts notierte bzw. etwas Negatives aufschreiben sollte. Die psychologischen Dispositionen seien fest in der Persönlichkeit verankert und ließen sich nicht so leicht verändern. Ein Dankbarkeitstagebuch über Wochen oder Jahre ändere nicht den Charakter, aber könne eine positivere Haltung bewirken.

Doch ein Dankbarkeitstagebuch ist nicht immer sinnvoll. Sonja Lyubomirsky hat Dankbarkeitstagebücher unter Jugendlichen mit Depressionen angewendet. Bei manchen hatte es positive Auswirkungen und bei manchen Jugendlichen hatte es negative Auswirkungen, weil sie sich schuldig fühlten, wenn sie nichts hatten, wofür sie dankbar sein konnten. Sie fühlten sich unglücklicher, so dass Sonja Lyubomirsky die Studie abbrechen musste.

Auch ich führte eine kleine Studie durch und bat Studierende, die an meinem Seminar über Glück teilnahmen, während des Semesters jeden Tag Dinge aufzuschreiben, wofür sie dankbar waren. Die Teilnahme und die Dauer waren freiwillig. Am Anfang löste das Dankbarkeitstagebuch positive Gefühle aus, aber für einen Großteil der Studierenden wurde die tägliche Aufzeichnung zu einer Pflichtübung, so dass sie sie mit der Zeit aufgaben. Am Ende der drei Monate waren nur noch die Pflichtbewussten dabei. Damit wurde bei dieser Studie ein anderer bekannter Faktor des Glückserlebens sichtbar, nämlich dass durch Gewöhnung das Glückserleben in den Hintergrund tritt. Die Dankbarkeitstagebücher hatten am Anfang eine höhere Wirkung, weil es neu war. Dass Emmons einen positiven Effekt feststellen konnte, mag daran liegen, dass seine Studie nur drei Wochen lang dauerte. Auch sein Lernprogramm für Dankbarkeit „Gratitude works! A Twenty-One-Day Program for Creating Emotional Prosperity" dauert nur drei Wochen. Ob Glücks- und Dankbarkeitstagebücher auf Dauer das Glücksempfinden erhöhen, ist fraglich. Sie scheinen vor allem dann einen positiven Effekt zu haben, wenn sie phasenweise geführt werden, um den Blick wieder auf positive Erlebnisse zu lenken.

Was sind die größten Glückskiller?

Die größten Glückskiller sind Einsamkeit, Arbeitslosigkeit und finanzielle Not. Es kommt nicht so sehr darauf an, wie viele Freundschaften man hat, sondern dass man enge Beziehungen hat. Auch in der Partnerschaft kann man sich einsam fühlen. Arbeitslosigkeit ist auch dann ein Glückskiller, wenn man finanziell gut abgesichert ist. Es fehlt die soziale Eingebundenheit, die Routine und der Kontrast zwischen Arbeit und Freizeit. Die freie Zeit, die man sich immer gewünscht hat, kann man in Zeiten der Arbeitslosigkeit kaum genießen. Zudem entsteht das Gefühl der gesellschaftlichen Wertlosigkeit und Ausgegrenztheit.

Finanzielle Not ist ein weitreichender Glückskiller, weil schon die Grundbedürfnisse wie Wohnen, Kleidung, Nahrung und Sicherheit nicht oder nur teilweise erfüllt werden. Hinzu kommen Existenzängste und oftmals gesundheitliche Probleme. Häufig ist auch die Teilnahme am sozialen Leben nur eingeschränkt möglich.

Einen negativen Einfluss haben auch Fernsehen, Computer und Handy, wenn man viel Zeit davor verbringt. Über Soziale Medien bestehen zwar Kontakte, aber sie ersetzen nicht Freundschaften. Die längste andauernde Studie über Glück, die Harvard Study of Adult Development (→ Grant-Studie), zeigt, dass in den 1950er Jahren, als das Fernsehen aufkam, soziale Beziehungen abnahmen. Und auch in den 2000er Jahren, als das Smartphone auf den Markt kam, hatte das einen Rückgang sozialer Beziehungen zur Folge. Die Medien sind darauf ausgerichtet, die Aufmerksamkeit auf sich zu ziehen. Dadurch wird die Aufmerksamkeit, die man Menschen schenkt, geringer, was sich auch auf die Qualität der Beziehung auswirkt. Dadurch leiden heute viele Menschen unter Einsamkeit und in Folge oftmals auch unter Depressionen.

Glücksboom und Glücksforschung – eine kritische Betrachtung

Das Streben nach Glück hat heute einen hohen Stellenwert bekommen, wie die vielen Ratgeber, Glückscoaches, Podcasts und Apps zeigen. Manche Psycholog:innen sprechen von einem „Glückszwang“, andere Kritiker:innen von „Wohlfühlterror“. Dass alle Menschen glücklich sein möchten, ist eine anthropologische Konstante, aber in den letzten Jahrzehnten ist eine starke Fokussierung auf Glück zu beobachten. In diesem Kapitel soll ein kritischer Blick auf den Glücksboom und die Glücksforschung geworfen werden.

Kann das Streben nach Glück unglücklich machen?

Dass wir glücklich sein möchten, ist tief in uns verankert. Wir streben bewusst oder unbewusst nach Glück und Zufriedenheit. Doch der Stellenwert von Glück ist in unserer Gesellschaft sehr hoch. Für viele ist Glück das höchste Ziel und steht über allen anderen Zielen, wie z. B. Solidarität oder Gerechtigkeit. Die Überhöhung von Glück hat zur Folge, dass man am liebsten negative Gefühle aus dem Leben verbannen möchte. Immer weniger gelingt es Menschen, mit Traurigkeit, Leid und Enttäuschung umzugehen. Doch Unglücklichsein gehört zum Leben dazu. Das permanente Streben nach Glück als höchstem Lebensziel lässt jedoch diese Tatsache außer Acht. Aus psychologischer Sicht kann die alleinige Konzentration auf das Glück und die oft damit zusammenhängende Dogmatik des Positiven Denkens sogar schaden. Glück als höchstes Ziel anzustreben, kann unglücklich machen, weil es ein unrealistisches Ziel ist. Dauerhaftes Glück kann nicht erreicht werden, weil Glück den Kontrast braucht, um wahrgenommen zu werden. Die Glücksrezepte, wie beispielsweise Positives Denken, motiviert und extrovertiert sein, klingen simpel, aber sie ignorieren die Persönlichkeitsstruktur, die nicht einfach mit gutem Willen geändert werden kann. Beim Streben nach Glück stellen sich deshalb Selbstzweifel und Frust ein, weil man dieses scheinbar einfache Ziel nicht erreicht.

Die Glückssuche zielt auf das individuelle Glück und ist sehr auf sich konzentriert. Oft steht auch der Anspruch nach einem „Recht auf Glück" dahinter, das auf Kosten von anderen geht. Diese „Ich-Kultur" steht im Zusammenhang mit der Zunahme von Depressionen, Angstzuständen, Medikamentenmissbrauch und sozialer Isolation, wie zahlreiche Langzeitstudien belegen (Illouz 2019, S. 84). Einsamkeit gilt als Problem von nationaler Bedeutung. Der Individualismus schwächt das Sozialgefüge, denn die Menschen kümmern sich zunehmend um sich selbst als um andere. Wenn man jedoch nicht nur Glück als Lebensziel in den Mittelpunkt stellt, sondern auch anderen Zielen eine hohe Priorität gibt, wie beispielsweise Mitmenschlichkeit oder Gerechtigkeit, dann hat man andere Menschen im Blick und ist nicht nur auf das Glück fokussiert.

Trotz vielfältiger Glücksangebote hat das Streben nach Glück die Gesellschaft nicht glücklicher gemacht, wie die Zunahme von Depressionen,

Ängsten und Sinnkrisen zeigen. Eine der Ursachen ist die Verdrängung unangenehmer Gefühle wie Wut, Traurigkeit, Langeweile, Neid und Ärger, die genauso wie Glück zur menschlichen Gefühlspalette gehören. Die negative Bewertung dieser Gefühle in unserer Gesellschaft bewirkt, dass Menschen an sich zweifeln und noch mehr nach Glück streben. Sie fragen sich, was sie falsch machen. Dabei ermöglicht die Erfahrung der vielfältigen Gefühle, sich in andere einzufühlen und empathisch zu sein.

Linktipps | In dem sehr sehenswerten Video „Die dunkle Seite des Glücks" erklärt der Philosoph Dr. Hendrik Wahler, warum Glückssuche auch unglücklich machen kann: ▶ https://www.youtube.com/watch?v=MLvWjT9USDc

Steve Cutts zeigt in einem animierten Kurzfilm „Happiness" die verzweifelte Jagd nach Glück: ▶ https://www.youtube.com/watch?v=e9dZQelULDk

Ist Glück machbar?

Die vielen Glücksratgeber, Apps und Coaches würde es nicht geben ohne den Glauben an die Machbarkeit des Glücks. Doch auf welches Glück haben wir überhaupt Einfluss? Hier zeigt sich, dass eine undifferenzierte Verwendung des Begriffs Glück Missverständnisse hervorruft (wie bereits unter der Frage „Was ist der Unterschied zwischen Euphorie (Glücksmoment), Freude und Zufriedenheit?" dargestellt wurde). Glücksmomente sind beispielsweise nicht herstellbar, denn sie entstehen oft im Zusammenhang einer positiven Überraschung, es ist die Reaktion auf ein unerwartetes Ereignis. Und sich selbst überraschen kann man nicht. Einen gewissen Einfluss hat man auf das Gefühl der → Freude, beispielsweise, wenn man sich mit Freund:innen trifft, einem Hobby oder einer erfüllenden Tätigkeit nachgeht. Doch auch dieses Gefühl ist nicht auf Knopfdruck herstellbar. An manchen Tagen macht nichts Freude.

Einen größeren Einfluss hat man auf die ⟶ Zufriedenheit, denn sie hat eine starke kognitive Komponente. Zufriedenheit entsteht aus der Bewertung der Dinge, also ob man das Glas halbvoll oder halbleer sieht. Wenn von der Machbarkeit des Glücks die Rede ist, ist in der Regel Zufriedenheit gemeint. Die ganzen Glücksratgeber mit Glücksrezepten und die Trainingsprogramme der Glückscoaches zielen darauf ab, Dinge positiv zu beurteilen. Es ist das Grundprinzip des Positiven Denkens. Doch lässt sich das Denken von negativ einfach auf positiv umprogrammieren? Und ist es überhaupt sinnvoll? Die Wissenschaftsjournalistin Barbara Ehrenreich zeigt in ihrem Buch „Smile or die. Wie die Ideologie des Positiven Denkens die Welt verdummt“ anhand vieler Beispiele, welche gravierenden Folgen es hat, die Realität auszublenden (Ehrenreich 2009). Auch die Glücksforschung distanziert sich inzwischen von der Ideologie des Positiven Denkens.

Dennoch hat sich ein neuer Trend des Positiven Denkens gebildet: ⟶ das Lucky-Girl-Syndrom. Die Lucky Girls, meist junge, weiße und privilegierte Frauen, haben auf Tiktok unter dem Hashtag #luckygirlsyndrome weltweit über 630 Millionen Aufrufe. Es gibt inzwischen auch die Lucky Boys, die allerdings weniger erfolgreich sind. Die Lucky Girls sind der Überzeugung, dass man durch positive Affirmation alles erreicht, um glücklich zu werden. Man muss sich seine Glücksziele nur detailliert vorstellen, damit sich dieser Wunsch manifestiert und zur Realität wird.

Grundsätzlich sind die Glücksrezepte zu einfach gestrickt. Um zu wissen, was glücklich macht, untersucht die Glücksforschung glückliche Menschen. Die Merkmale von glücklichen Menschen werden dann als Verhaltensempfehlungen auf andere Menschen übertragen. Doch dieser Umkehrschluss funktioniert nicht so einfach. Glückliche Menschen lachen beispielsweise viel. Deshalb werden Lachseminare angeboten, um glücklich zu werden. Glückliche Menschen sind oft extrovertiert. Die Empfehlung, dass introvertierte Menschen aus sich herausgehen sollen, empfinden viele nicht als hilfreich. Im Gegenteil, es verstärkt das Gefühl, dass es „schlecht“ ist, introvertiert zu sein.

Die ganze Glücksforschung basiert auf der Frage: Was macht glücklich? Die Ergebnisse der Forschungen münden in Verhaltensempfehlungen, was man tun muss, um glücklich zu sein, allen voran Selbststeuerung. „Tatsächlich sind Kinder, Jugendliche und Erwachsene, die den Muskel der Selbstkontrolle konsequent trainieren, glücklichere, produktivere und erfolgreichere Individuen." (Peterson und Seligman 2010, S. 38) Diese Haltung fördert den Glauben der Menschen an die menschliche Allmacht und führt sie zu der Annahme, dass sie selbst schuld sind, wenn es ihnen nicht gelingt, glücklich zu sein.

Dass Glück machbar ist, erscheint wie die Quadratur des Kreises. So empfiehlt Sonja Lyubomirsky, dass man alles daransetzen sollte, „sich positives Denken und Handeln zur Gewohnheit zu machen". Dennoch schreibt sie auch, dass man eine Gewöhnung und Routine vermeiden sollte. Tatsächlich wird Glück vor allem durch Neues erlebt. Durch Gewohnheiten lassen sich Glück und Zufriedenheit weniger wahrnehmen. Es gibt keine überzeugenden Langzeitstudien, die beweisen, dass man Glück lernen kann. Kurzzeitstudien sind wenig aussagekräftig. Sicher ist jedoch, dass enge soziale Beziehungen einen entscheidenden Einfluss auf das Wohlbefinden haben. Die Lebenszufriedenheit zu erhöhen, bedeutet vor allem, in Beziehungen zu investieren und das bedeutet auch, Krisen und Probleme auf sich zu nehmen, denn Beziehungen sind nie konfliktfrei.

Literaturtipp | Sehr zu empfehlen ist das Buch, das die weitreichenden Folgen des Positiven Denkens aufzeigt: Ehrenreich, Barbara: Smile or die. Wie die Ideologie des positiven Denkens die Welt verdummt. Aus dem Englischen von Gabriele Gockel und Barbara Steckhan. München: Kunstmann 2009.

Brauchen wir Krisen?

Krisen sind in unserem Leben unumgänglich. Zwar erwähnt das auch die → Positive Psychologie und die Glücksforschung. Dennoch wird diese Tatsache kaum thematisiert. Vielmehr ist die Glücksforschung darauf ausgerichtet, Verhaltensmaßnahmen aufzuzeigen, um Krisen zu vermeiden oder sie möglichst schnell zu überwinden. Doch Positives Denken reicht für Veränderungen nicht aus. Charakter und Persönlichkeit werden schon früh geformt und werden im Erwachsenenalter zunehmend resistent.

Krisen sind ein Motor für Veränderungen. Wer etwas verändern will, muss unzufrieden sein, denn bei einem glücklichen Zustand besteht kein Änderungsbedarf. Gewohnte Lebensmuster lassen sich nur schwer verändern, es sei denn, der Leidensdruck ist hoch genug. Eine Krise fühlt sich so unangenehm an, dass die Motivation groß genug ist, neue Wege einzuschlagen. Festgefahrene Verhaltensmuster in einer Ehe lassen sich oftmals erst dann überwinden, wenn die Ehe in eine Krise gerät. Oft sind Krisen lebensverändernd. So erzählen Menschen beispielsweise, dass sie während ihrer Arbeitslosigkeit die Gelegenheit genutzt hatten, um ihren Traum von einem eigenen Café oder einer anderen selbständigen Tätigkeit zu erfüllen.

In einer Zeit, in der Glück einen sehr hohen Stellenwert hat, sehen Menschen Krisen bestenfalls als unvermeidlich an, aber keinesfalls als wertvoll. Krisen entstehen in einem Prozess, um sich mit neuen Lebenssituationen auseinanderzusetzen. So ist das Älterwerden oftmals von krisenhaften Situationen begleitet. Bei einem positiven Umgang verhelfen sie jedoch dazu, sich auf die neue Lebenssituation einzustellen. Krisen sind also eine wichtige Voraussetzung für Veränderungsprozesse.

Krisen sind zudem notwendig, um Glück wahrzunehmen, denn Glück ist ein Kontrasterlebnis. Das Glück, gesund zu sein, wird vor allem nach einer Krankheit wahrgenommen und nicht im alltäglichen Leben. Glück ist kein Zustand an sich, sondern entsteht im Zusammenhang mit anderen Gefühlen (Mary 2003, S. 246).

Literaturtipp | Der Psychotherapeut Michael Mary kritisiert in diesem Buch die Machbarkeit des Glücks und legt dar, warum Krisen ein wichtiger Bestandteil des Lebens sind: Mary, Michael: Die Glückslüge. Vom Glauben an die Machbarkeit des Lebens. Bergisch Gladbach: Lübbe 2003.

Macht eine Glücksapp glücklich?

Glücksapps sind auf Konsumierbarkeit ausgerichtet. Es werden keine tiefgreifenden, seelischen Veränderungen herbeigeführt (Illouz und Cabanas 2019, S. 138). Die Handhabung ist praktisch, leicht zu verstehen, steuerbar und anpassungsfähig. Sie versprechen schnelle und nachprüfbare Ergebnisse. Das Unterbewusste, auf das man – wie das Wort schon sagt – wenig Zugriff hat, wird so dargestellt, als könne man es kontrollieren. Die Anwendung zielt darauf ab, das Verhalten zu ändern und in neue Gewohnheiten zu verwandeln. Doch wenn Gewohnheiten zur Routine werden, dann schwächt das auch die Wahrnehmung für Glück.

Die Happiness-Apps heißen Track Your Happiness, Happy Life, Happy Habits, Choose Happiness und Happier app, um nur einige wenige zu nennen. Als Beispiel für eine Glücksapp sei *Happify* genannt. Diese Smartphone-App ist mit über drei Millionen Nutzer:innen der englischsprachigen Version die populärste Glücksapp (Illouz und Cabanas 2019, S. 142). Der Nutzer oder die Nutzerin kann die aktuelle Gefühlslage überwachen. Nachdem man sich registriert hat, werden das aktuelle Glücksniveau und die persönlichen Ziele erfragt. Aus verschiedenen spezialisierten Programmen kann man auswählen, was man verändern möchte, wie Stress abbauen, erfolgreicher sein oder seine Ehe verbessern. Bei einem der Lerntrainings lernt man, negative Gedanken zu überwinden und Positives Denken einzuüben. Damit dies gelingt, wird man gecoacht. Wenn ein Lerntraining erfolgreich absolviert ist, bekommt man das nächste angeboten. Belohnt wird man mit Glückspunkten, die weiter anspornen sollen. Es gibt tatsächlich viele positive Berichte von Nutzer:innen, die über eine Verbesserung ihres Alltags erzählen. Wie lange diese Verbesserung anhält, weiß man leider nicht.

Von dieser App profitieren nicht nur Nutzer:innen, sondern auch Glücksforscher:innen. Die Expert:innen, die hinter dieser App stehen, sind renommierte Vertreter:innen der Positiven Psychologie. Sie können durch die App auch auf sehr viele Daten über Verhaltensmuster zurückgreifen, die sie für die Glücksforschung verwenden. Auch die Kommentare und Rückmeldungen der Nutzer:innen bieten aufschlussreiches Material. Durch die freiwillige Selbstüberwachung werden Daten bereitgestellt, die nicht nur sehr viele persönliche Informationen geben, sondern es wird auch ein Kanal geschaffen, um das Verhalten der Menschen zu beeinflussen, was ja auch durch das Training geschieht.

Zwar haben die Nutzer:innen einerseits das Gefühl, dass sie ihr Gefühlsleben mehr im Griff haben und ziehen positive Aspekte daraus. Andererseits beschäftigen sie sich auch sehr viel mit sich selbst, was auch zu negativen Gefühlen führen kann, auch zum Gefühl des Versagens, wenn man es nicht schafft, diszipliniert und glücklich zu sein.

Welche Folgen hat es auf die Gesellschaft, dass Glück so bedeutsam geworden ist?

Glück ist inflationär. In Sozialen Netzwerken, in der Wirtschaft, Werbung, Pädagogik nimmt es einen großen Raum ein und wird als wichtigstes Lebensziel dargestellt. Das hat weitreichende Folgen. Es verändert unser Verständnis von Glück. So entsteht der Eindruck, dass Glück jederzeit verfügbar ist und wir uns nur bemühen müssen, es zu erlangen. Kritiker:innen sprechen von Glückszwang und Wohlfühlterror. Der Druck, nach Glück streben zu müssen, hat zugenommen. Wir sind damit auch sehr beeinflussbar. Auf vielen Kanälen wird uns eingeredet, was wir tun oder kaufen müssen, um glücklich zu werden. Die Werbung kommt ohne Glücksversprechen nicht aus.

Die negative Auswirkung des Glückszwangs in unserer Gesellschaft zeigt sich auch darin, dass man in Gruppen glücklich wirken muss. Immer happy sein ist die Devise, weil man sonst am Rande steht. Menschen in schwierigen Lebenssituation geraten aus dem Blickfeld. Man betont, dass alles Spaß macht und kann kaum mehr sagen, dass man etwas nur macht, weil es gemacht werden muss.

Dadurch, dass das Streben nach Glück heute einen so hohen Stellenwert bekommen hat und fast zu einem Pflichtprogramm geworden ist, wird ein rücksichtsloses Streben nach Glück befördert, oft mit der Einstellung, man habe ein Recht auf Glück. Viele Beziehungen zerbrechen daran, wenn man glaubt, mit einem anderen Partner oder einer anderen Partnerin glücklicher zu werden, auch wenn man damit nicht nur die eigene, sondern auch eine andere Paarbeziehung zerstört. Das Glück der Kinder spielt dabei keine Rolle. Auch global gesehen geht das Glücksstreben oftmals auf Kosten von anderen. Die reichen Industrienationen, die nach Glück und Wohlstand streben, erreichen das oft nur durch Ausbeutung von ärmeren Ländern. Es stellt sich die Frage, was für eine Art von Glück es ist, das auf Kosten der anderen geht.

Sozialarbeiter:innen, Altenpfleger:innen oder Suchtberater:innen hingegen beschäftigen sich nicht nur mit ihrem eigenen Glück. Menschen, die sich mit schwierigen Situationen und Leiden von anderen Menschen auseinandersetzen, tragen wesentlich zu einer lebenswerten Gesellschaft bei. Der Leitsatz unserer Gesellschaft, dass jeder selbst für sein Glück verantwortlich ist, entbindet die Menschen davon, gesellschaftliche Missstände zu beseitigen. Für die gesamtgesellschaftliche Entwicklung hat dies fatale

Auswirkungen. Eine solche Haltung lähmt die soziale Gemeinschaft und führt zu Rücksichtlosigkeit und Ich-Bezogenheit.

Literaturtipp | Die Soziologieprofessorin Eva Illouz und der Psychologieprofessor Edgar Cabanas zeigen in ihrer Analyse, welche weitreichende Folgen das „Glücksdiktat" auf Politik, Wirtschaft und die gesamte Gesellschaft hat: Illouz, Eva und Cabanas, Edgar: Das Glücksdiktat und wie es unser Leben beherrscht. Aus dem Englischen von Michael Adrian. Berlin: Suhrkamp 2019.

Haben wir einen zu hohen Glücksanspruch?

Die Zunahme von Depressionen sind neben vielen anderen Ursachen auch im Zusammenhang mit hohen Glückserwartungen zu sehen. In den USA liegt ein hoher Glückanspruch zugrunde, der unter anderem damit zu erklären ist, dass „das Streben nach Glück" verfassungsrechtlich verankert ist. Nirgendwo sonst als in den USA wird mehr über Glück geforscht. Dennoch scheinen die Amerikaner ihrem Anspruch, glücklich zu werden nicht zu genügen. In kaum einem anderen Land wird so viel Psychopharmaka genommen, das zudem leicht erhältlich ist. Und fast jeder hat einen Therapeuten oder eine Therapeutin. Der Glücksanspruch ist offenbar so hoch, so dass er kaum zu erreichen ist.

Der hohe Glücksanspruch setzt Partnerschaften unter Druck. Paare trennen sich nicht immer so leichtfertig, wie oft behauptet wird. Oft geht der Trennung eine lange Leidenszeit voraus, die durch den hohen Glücksanspruch entsteht, mit dem Partnerschaften belastet werden. Der Partner oder die Partnerin soll einen glücklich machen und dem Leben Sinn geben. Macht der Partner oder die Partnerin einen nicht glücklich, so ist der Schritt nicht groß, sich jemand anderen zu suchen. Eine Partnerschaft, in der beide nur mittelmäßig zufrieden sind, gilt als nicht gut genug, um sie aufrechtzuerhalten. Damit Ehen gelingen, braucht man einen realistischeren Blick, erklärt der Paartherapeut Arnold Retzer in seinem Buch „Lob der Vernunftehe. Eine Streitschrift für mehr Realismus in der Liebe" (Retzer 2010).

Heute dominiert der Anspruch, sein Leben zu perfektionieren. Das heutige Glücksverständnis fordert eine kontinuierliche Verbesserung des

Lebens. Der Glücksanspruch orientiert sich oftmals nicht am realen Leben, sondern an dem, was in den Medien präsentiert wird. In Filmen, Werbung und Zeitschriften wird Glück als höchstes und erreichbares Ziel dargestellt. Auch die sozialen Medien fördern einen überhöhten Glücksanspruch, weil eine Fülle von Glücksmomenten gepostet werden. Die einzelnen Postings vermitteln in der Gesamtheit den Eindruck, dass die Mehrheit der Menschen ein glückliches Leben führt, nur man selbst nicht.

In den Jahren bevor Fernsehen und Internet aufkamen, hat man sich an dem Glück orientiert, das man in seinem Umfeld gesehen hat. Man hat sich mit Nachbarn und Bekannten verglichen und ein realistischeres Verständnis von Glück gehabt, denn man hat erlebt, dass auch ihr Leben von Erfolg und Misserfolg, von Unternehmungen und Langeweile geprägt war. Heute orientiert man sich jedoch an den Medien. So entsteht der Eindruck, dass jeder glücklich, erfolgreich und wohlhabend sein kann. Einen realistischeren Glücksanspruch gewinnt man, indem man sich mehr am realen Leben orientiert und sich offen und ehrlich mit Freunden und Freundinnen austauscht. Enge Beziehungen geben einem überzogenen Glücksverständnis ein Korrektiv, das dem realen Leben entspricht.

Welche Auswirkungen haben Soziale Medien auf Glück?

Machen Soziale Netzwerke zufrieden? Martin Schröder kommt aufgrund seiner Untersuchungen des → Sozio-oekonomischen Panels zu dem Schluss, dass die Nutzung von Sozialen Netzwerken keinen Einfluss auf das Wohlbefinden hat. „Wer seinen Account nur einmal jährlich checkt, ist weder zufriedener noch unzufriedener, als wer es mehrmals täglich macht. Auch wer dauernd im Internet surft, ist kaum unzufriedener, zumindest wenn es weniger als drei Stunden täglich sind – und selbst dann ist der Effekt nur schwach negativ." (Schröder 2020, S. 129). Welchen Einfluss Internet und im Besonderen Soziale Medien auf das Wohlbefinden haben, hängt auch davon ab, wieviel Zeit man mit Freund:innen und anderen Beschäftigungen verbringt. Die Zeit, die man für das Smartphone verwendet, hat man weniger, um mit Freund:innen zu reden oder Tätigkeiten nachzugehen, bei denen man seine Fähigkeiten einbringen kann – Dinge, die wesentlich zur Zufriedenheit beitragen. Häufige und lange Nutzung stehen oft mit Einsamkeit und sozialer Isolation in Verbindung. Aber auch hier stellt sich die Frage, was die Ursache und die Folge ist: Verbringen einsame Menschen mehr Zeit vor dem Bildschirm oder führt viel Zeit vor dem Bildschirm zu mehr Einsamkeit?

Die Auswirkungen der häufigen Nutzung von Sozialen Medien sind weitreichend. Die amerikanische Wissenschaftlerin für Theologie und Soziologie Donna Freitas hat an mehreren Colleges untersucht, welchen Einfluss Soziale Medien auf junge Menschen haben (Freitas 2017). Sie hat 2014 Hunderte von Student:innen an 13 sehr unterschiedlichen Colleges und Universitäten – von sehr renommierten bis zu durchschnittlichen Universitäten – in den USA untersucht. So unterschiedlich sie waren, so berichteten die Studierenden übereinstimmend, unter welchem Druck sie stehen, glücklich wirken zu müssen. Soziale Medien geben ein trügerisches Bild von Glück. Gepostet wird vor allem entsprechend der sozialen Erwünschtheit. Weil Glück und Erfolg dominieren, stellt man sich selbst als glücklich und perfekt dar. Die eigenen Gefühle werden verdrängt. Man versteckt sich hinter einer Wand von Likes und Shares. Während die jungen Menschen sich bemühen, um jeden Preis glücklich zu wirken, verlieren sie die Dinge, die sie wirklich glücklich machen. Der Druck, glücklich, sogar glückselig oder enthusiastisch wirken zu müssen, ist auf den Sozialen Medien hoch. Mit dem Posten von glücklichen Momenten hoffen die Nutzer:innen Likes und Bestätigung zu bekommen. Das wiederum, so erzählen manche Student:innen, habe auch Auswirkungen auf ihr eigenes Wohlgefühl.

Die Erfahrungen mit Posts, die dem Glücksanspruch nicht entsprechen, sind negativ. Viele Student:innen haben die Erfahrung gemacht, dass Zeichen von Traurigkeit oder Verletzlichkeit mit Schweigen, Ablehnung oder Mobbing quittiert werden. Und das ist, was sie auf jeden Fall vermeiden möchten. Man muss auf den Sozialen Netzwerken glücklich wirken, auch wenn man depressiv ist. Doch auch die befragten Studierenden selbst sind unsicher, wie sie auf Posts, in denen Traurigkeit geäußert wird, reagieren sollen und tendieren dazu, diese Posts nicht zu kommentieren.

Nicht nur der Druck, selbst glücklich zu erscheinen, sondern auch die Postings von scheinbar glücklichen Menschen haben Auswirkungen auf die Nutzer:innen.

> „Then, there is the fact of having to see everyone else's happiness and highlights all the time. Being constantly bombarded by smiles and successes when your're feeling low – seeing [...] the best version of others versus the worst version of yourself – can be difficult to endure." (Freitas 2017, S. 69)

Sich selbst glücklich darzustellen, ist wie eine Marketingkampagne für sich, berichtete eine Studentin. Junge Menschen spalten sich oft in zwei Charaktere: die glückliche Person, die sie für die Sozialen Medien kreieren und die Person, die sie wirklich sind.

Literaturtipp | In diesem Buch stellt Donna Freitas dar, unter welchem Druck und Glückszwang jungen Menschen bei der Nutzung von Sozialen Medien stehen: Freitas, Donna: The Happiness Effect: How Social Media Is Driving a Generation to Appear Perfect at Any Cost. New York: Oxford University Press 2017.

Gibt es dauerhaftes Glück oder dauerhafte Zufriedenheit?

Glücksmomente sind kurz und werden deshalb als besonders wertvoll empfunden. Zudem entstehen Glücksmomente durch unerwartete Situationen, der eine Überraschung zugrunde liegt. Auch → Freude ist auf bestimmte Ereignisse und Situationen begrenzt. Bleibt also die Frage, ob es dauerhafte → Zufriedenheit geben kann. Zufriedenheit ist ein kognitiver Zustand. Man bewertet die Dinge, ob sie positiv oder negativ sind. Es ist das halbvolle oder das halbleere Glas. In der Glücksforschung wird oft propagiert, positiv zu denken, das Glas also als halbvoll zu bewerten. Doch dauerhafte Zufriedenheit ist nicht möglich, weil ein Gewöhnungseffekt entstehen würde. Und Gewöhnung verhindert das bewusste Erleben von Glück. So macht Reichtum nicht dauerhaft zufrieden, weil man sich an den Wohlstand gewöhnt und bald schon das nächste Objekt im Auge hat. Das bewusste Erleben wird vor allem durch Kontraste erreicht. Glück ist ein Kontrasterlebnis.

Zudem würde dauerhafte Zufriedenheit Entwicklungen lahmlegen, weil kein Bedarf zur Veränderung bestehen würde. Viele Entwicklungen in der Menschheitsgeschichte, wie beispielsweise die Emanzipation, sind aus einer Unzufriedenheit entstanden. Eine dauerhafte Zufriedenheit würde Missstände ausblenden und eine kritische Auseinandersetzung erschweren. Auch in der Kunst sind oft großartige Gemälde und literarische Werke aus einer kritischen Haltung entstanden.

In der Glücksforschung wird suggeriert, dass dauerhaftes Glück erreicht werden kann, beispielsweise durch das Erleben des Flows. Doch ein Flow entsteht nicht auf Knopfdruck, selbst wenn man die Ratschläge beherzigt. Und auch Künstler:innen, Chirurg:innen, Bergsteiger:innen, die in den Studien über Flow oft genannt werden, erleben keinen dauerhaften Flow. Berufliche Erfolge auf der Karriereleiter lösen zunächst positive Gefühle aus, aber mit der Zeit gewöhnt man sich an die neue Position und nimmt andere Dinge wahr, wie z. B. ein höheres Konkurrenzdenken unter Kolleg:innen oder mehr Arbeitsstunden.

Der Philosoph Wilhelm Schmid sieht eine dauerhafte Form des Glücks darin, das Leben anzunehmen, wie es ist und nennt es das Glück der Fülle:

> „Dieses Glück ist umfassender und dauerhafter als alles Zufallsglück und Wohlfühlglück, [...] die immer aufs Neue zu findende Balance in aller Polarität des Lebens, nicht unbedingt im jeweiligen Augenblick, sondern durch das gesamte Leben hindurch: Nicht nur Gelingen, auch Misslingen; nicht nur Erfolg, auch Misserfolg; nicht nur Lust, auch Schmerz; nicht nur Gesundheit, auch Krankheit; nicht nur Fröhlichsein auch Traurigsein; nicht nur Zufriedensein, auch Unzufriedensein. Nicht nur erfüllte, sondern auch leere Tage, denn hundert Tage, die als leer und langweilig empfunden werden, sind vollkommen gerechtfertigt für einen einzigen der überbordenden Fülle." (Schmid 2007, S. 31)

Sind enge Beziehungen immer eine Glücksquelle?

Enge Beziehungen werden in der Glücksforschung als größte Glücksquelle genannt. Auch in unserer eigenen Forschung nannten die Befragten als Glückserlebnisse vor allem Begegnungen mit Freund:innen und Familie. Glücklich machen aber nicht viele oberflächliche Kontakte, sondern vor allem vertraute, innige Beziehungen. Doch Beziehungen bestehen auch aus Krisen, Missverständnissen und Problemen. Und nicht alle Probleme sind lösbar. Eine langjährige Paarbeziehung zu führen, ist deshalb eine große Herausforderung. Auf der einen Seite wünscht man sich eine langjährige Partnerschaft, von der man sich Glück erwartet und auf der anderen Seite sind viele nicht bereit, auf zeitweiliges Glück zu verzichten und krisenhafte Zeiten durchzustehen, um dadurch ein tieferes und dauerhafteres Glück zu finden.

Beziehungen machen vor allem dann glücklich, wenn die Liebe gegenseitig ist und die Liebe beim anderen auch ankommt. Jugendliche, die sich nicht von ihren Eltern geliebt fühlen oder Menschen, die sich von ihrem Partner oder ihrer Partnerin nicht geliebt fühlen, sind unglücklich. Oftmals sind es eigene Vorstellungen von Liebe oder die Überzeugung, nicht liebenswert zu sein, die verhindern, dass die Liebe auch ankommt. Auch in anderen Beziehungen fühlen sich Menschen oftmals nicht angenommen. Wichtig ist deshalb ein Gefühl der Zugehörigkeit, um sich zufrieden zu fühlen.

Wenn also immer betont wird, dass enge Beziehungen glücklich macten, dann ist das nur die halbe Wahrheit. Zu Beziehungen gehören auch immer negative Gefühle. Robert Waldinger, der Direktor der längsten Glücksstudie, die 1938 in Harvard begonnen wurde (→ Grant-Studie) sagt, dass viele ihr Glück in leicht zugänglichen Glücksmomenten suchen, wie Konsum oder Erfolg. Glück in Beziehungen zu suchen, sei zeitaufwändig und mühevoll. Dennoch ist es ein lohnender Weg, denn Familie und Freundschaften sind tatsächlich die größte Glücksquelle.

Sind nur die glücklichen Menschen die Gewinner:innen?

In der Glücksforschung wird immer wieder betont, dass glückliche Menschen erfolgreicher sind, eher verheiratet, glücklichere Beziehungen haben, beliebter sind, bessere Arbeitsplätze haben – meist auch besser bezahlt – und dass sie gesünder sind. Noch deutlicher drückt es der ins Deutsche übersetzte Buchtitel des Glücksforschers Martin Seligman aus: „Pessimisten küsst man nicht – Optimismus kann man lernen." Was ist mit Menschen, die nicht so glücklich sind? Oft scheint es so, dass Menschen, die nicht zu den Glücklichen zählen, die Verlierer sind. Doch das ist eine sehr einseitige Sichtweise. Es gibt einige Felder, auf denen die weniger Glücklichen punkten. Glückliche und optimistische Menschen neigen dazu, eine Aufgabe zu leichtfertig und weniger kritisch zu erledigen. Sie greifen eher zu Standardlösungen und sind schneller mit dem Ergebnis zufrieden. Kritische Menschen und Pessimisten sind vorsichtiger und analytischer und ziehen auch negative Aspekte ein, so dass ein ausgereifteres Produkt entsteht (Förstl 2009, S. 62).

Andere Studien zeigen, dass glückliche Menschen sorgloser sind und weniger zu Vorsorgeuntersuchungen gehen. Dadurch wird manche Krebserkrankung zu spät entdeckt. Zudem sind Menschen, die Tiefen und Krisen erleben, empathischer, weil sie negative Gefühle kennen und keine Angst davor haben, sich damit auseinanderzusetzen. Viele Leistungen der Menschheit, gesellschaftliche Reformen und andere Veränderungen gingen aus einer Unzufriedenheit und einer Kritik an den Umständen hervor. Menschenrechtler:innen, Naturschützer:innen, Feminist:innen agieren nicht aus großen Glücksempfindungen heraus, sondern aus einer Unzufriedenheit.

> „Öffentliche Proteste und sozialen Wandel gäbe es nicht ohne die geballten Gefühle vieler wütender oder verärgerter Bürgerinnen. Solche Gefühle unter den Teppich des positiven Denkens zu kehren, heißt faktisch, die emotionale Struktur gesellschaftlicher Miseren und Konflikte zu stigmatisieren und zu beschämen." (Illouz und Cabanas 2019, S. 207).

Aus Krisen heraus entstehen Veränderungen, Glück hingegen hält am Status Quo fest.

Auch viel Künstler:innen sagen, dass sie in glücklichen Phasen nicht sehr produktiv sind, sondern eine gewisse Traurigkeit oder eine breit gefächerte Emotionalität brauchen, um ihre Lieder zu schreiben oder ihr Kunstwerk zu malen. Sie sind vielleicht nicht immer glücklich, aber machen mit ihren Bildern und ihrer Literatur Menschen glücklich. Oder um es mit Richarda Huch zu sagen: „Glück ist etwas, was man geben kann, ohne es zu haben."

Ist jeder selbst für sein Glück verantwortlich?

„Jeder ist seines Glückes Schmied" ist heute die vorherrschende Meinung. Die Glücksratgeber schreiben Verhaltensempfehlungen, Glückscoaches unterstützen ihre Klient:innen dabei, das Glück zu finden und mit Glücksapps kann jeder selbst sein Glück verbessern. Dies alles führt dazu, dass man ständig mit sich und seiner Selbstoptimierung beschäftigt ist. Das Leben wird als machbar und kontrollierbar gesehen. Glück ist heute zu einem erstrebenswerten Ziel geworden, weil es mit zunehmenden individualistischen Werten verbunden ist. Das eigene Ich steht an erster Stelle und damit auch die Verantwortung für das eigene Wohlergehen. Da viele Studien betonen, dass Menschen in individualisierten Gesellschaften glücklicher sind, ist dies ein Selbstverstärker. Doch diese Studien sind zu hinterfragen, weil ein → ethnozentrischer Blick das Ergebnis verzerrt.

Die Auffassung, dass jeder selbst für sein Glück verantwortlich ist, macht alle unglücklichen Menschen zu Versagern. Menschen, die es zu Wohlstand und beruflichem Erfolg gebracht haben, sind geneigt, dies sich selbst zuzuschreiben. Es ist eine unbarmherzige Einstellung, denn damit wird anderen, die in sozialen Schwierigkeiten stecken, unterstellt, dass sie selbst an ihrer Lage schuld seien. Sie müssten einfach mehr für ihr Glück tun. Niederlagen und Leid werden als Versagen gesehen. Das ist eine gnadenlose Haltung, weil dann kein Anlass besteht, Menschen in sozialen Schwierigkeiten zu helfen. Wer sich hingegen bewusst ist, dass zu einem zufriedenen Leben auch eine große Portion Zufallsglück dazugehört, entwickelt viel eher eine dankbare Haltung. Und Dankbarkeit ist ein wichtiger Schlüssel zum Glück, wie auch die Glückforscher:innen immer wieder betonen.

Es kann nicht oft genug betont werden, dass Glück und Erfolg auch von zufälligen äußeren Bedingungen abhängen und nicht allein das Ergebnis eigener Anstrengung ist. Der weltberühmte Pianist Lang Lang hat aufgrund seiner außergewöhnlichen Begabung von Kindheit an hart gearbeitet, unterstützt von seinem Vater. Aber wie viele begabte Musiker und Musikerinnen haben genauso geübt, wurden ebenfalls von ihrer Familie unterstützt, aber sind nicht weltberühmt. Diesen Musikern zu unterstellen, sie hätten sich nicht genügend angestrengt, wäre anmaßend.

Die Einstellung, dass jeder selbst seines Glückes Schmied ist, hat zur Folge, dass Menschen es als persönliches Versagen erleben, wenn es ihnen nicht gelingt, glücklich zu werden. Jeder ist damit nicht nur selbst verantwortlich für sein Glück, sondern auch noch selbst schuld daran, wenn er unglücklich ist. Die Unglücklichen stehen so am Rande der Gesellschaft und fühlen sich ausgeschlossen.

Glück ist heute der Gradmesser eines gelungenen Lebens. Die Glücksforschung soll den Menschen dazu verhelfen, dass ihr Leben gelingt. Heißt das im Umkehrschluss, dass Menschen, die nicht so glücklich sind oder gar leiden, kein gelungenes Leben haben? Mutter Theresas Tagebücher zeigen, dass sie zutiefst unglücklich war. Hat sie sich nicht genug angestrengt, um glücklich zu sein? Oder war ihr einfach ein sinnerfülltes Leben wichtiger, bei dem es weniger um sie als um andere ging? Es ist anzunehmen, dass Mutter Theresa sich nicht die Frage gestellt hat: Was muss ich tun, um glücklicher zu werden?

Sollten sich Politik und Wirtschaft um mehr Glück bemühen?

Grundsätzlich ist es positiv, dass sich Politik und Wirtschaft um das Glück der Bürger:innen kümmern. Es gehört zu den Aufgaben des Staates, für das Wohl der Bevölkerung zu sorgen. Doch es ist zu fragen, wie dieses Wohl aussieht. Geht es um bessere Strukturen, soziale Gerechtigkeit und um die Befriedigung der Grundbedürfnisse wie Wohnen und Essen? Oder konzentriert sich die Bemühung auf das seelische Wohlbefinden, das zweifellos auch wichtig ist. Wenn in der Politik Glück zur Zielgröße gemacht wird, birgt es Risiken. Welche Auswirkungen hat es, wenn ein Staat seine Politik nicht nach Wirtschaftlichkeit ausrichtet, sondern nach subjektivem Wohlbefinden? Eva Illouz und Edgar Cabanas kritisieren in ihrem Buch „Das Glücksdiktat und wie es unser Leben beherrscht“:

> „Mit Fug und Recht kann man fragen, ob Glück, wenn es zur Richtschnur staatlicher Maßnahmen gemacht wird, wirklich mehr ist als ein Ablenkungsmanöver, damit wichtige strukturelle politische und ökonomische Unzulänglichkeiten unsichtbar bleiben.“ (Illouz und Cabanas, S. 58)

Als Beispiel nennen Illouz und Cabanas die Politik des englischen Premiers David Cameron, der 2010 eine der größten Etatkürzungen der Geschichte seines Landes vornahm und dann erklärte, dass Großbritannien Glück als nationalen Fortschrittsindikator übernehmen solle. Glück würde im Leben mehr zählen als Geld.

Wenn eine Politik die These vertritt, dass Geld nicht so wichtig ist wie Wohlbefinden, können finanzielle Ungerechtigkeiten leichter verdeckt werden. Armut wird weniger als Problem wahrgenommen und bekämpft, weil Geld ja überschätzt wird. Länder wie die Vereinigten Arabischen Emirate und Indien, in denen Armut, Menschenrechtsverletzungen, Kindersterblichkeit und die Selbstmordrate sehr hoch sind, haben beschlossen, Glück als Wirkungsmesser ihrer staatlichen Politik einzuführen. In Dubai wurden 2014 Touchscreens aufgestellt, damit die Regierung in Echtzeit erfuhr, wie zufrieden die Bevölkerung war. Dubai sollte zur glücklichsten Stadt der Welt gemacht werden. Um dieses Ziel zu erreichen, wurde ein Glücksministerium eingerichtet. Auch Indien hat das ehrgeizige Bestreben, eine glückliche Bevölkerung zu schaffen. Das staatliche Streben nach Glück und die darauffolgende Individualisierung haben zu einer Zunahme von Einsamkeit und Verzweiflung geführt. Die erhöhte Selbstmordrate wird ebenfalls damit in Zusammenhang gebracht (Nandy 2013, S. 176).

Wenn ein Staat Glück als höchstes Ziel anstrebt, wird die Bevölkerung nicht mehr zu politischen Maßnahmen befragt, sondern wie glücklich die Menschen sind. „Man kann auf diese Weise Krümmel von Demokratie ausstreuen, ohne dass man sich mit den unvorhersehbaren Ergebnissen und politischen Herausforderungen echter demokratischer Entscheidung herumschlagen müsste", kritisieren Illouz und Cabanas (Illouz und Cabanas 2019, S. 63).

Die Ergebnisse der Glücksforschung, die in die Politik eingebracht werden, sind bedenklich. Verschiedene Glückssstudien kommen zu dem Ergebnis, dass Einkommensungleichheit und Kapitalkonzentration für das Glück förderlich seien, weil es für Arme ein Anreiz sei, nach dem zu streben, was Wohlhabendere haben. Entwicklungsländer werden so zum Wirtschaftswachstum animiert. Dieses Ergebnis widerspricht vielen anderen Studien, die eine Umverteilung und soziale Grundsicherung als Basis für gesellschaftlichen Wohlstand und Lebensqualität sehen.

Wie sinnvoll ist Glück als Schulfach?

Es ist fraglich, ob das Schulfach Glück seiner eigenen Zielsetzung gerecht wird: lernen, wie man glücklich wird. Manches erscheint widersprüchlich. So wird vom Fritz-Schubert-Institut für das Unterrichtsprogramm die → Logotherapie einbezogen. Die von Viktor Frankl entwickelte Therapie stellt die Frage nach dem Sinn in den Mittelpunkt (siehe dazu auch die Frage „Ist der Sinn des Lebens, glücklich zu sein?"). Viktor Frankl betont, dass Menschen nicht einfach glücklich sein möchten, sondern einen Grund dafür suchen. Glück sei ein Nebenprodukt und entstehe im Tun und in der Selbstvergessenheit. Das widerspricht dem, was im Glücksunterricht gelehrt wird. Hinter dem Schulfach Glück steht die Überzeugung, dass man lernen kann, glücklich zu sein. Glücklich werden ist also nicht ein Nebenprodukt, sondern das Ziel, das angesteuert wird. Mit dem Bestreben, Glück zu lernen, werden hohe Erwartungen gesetzt. Gelingt dies nicht, so weckt dies bei den Schüler:innen Zweifel an sich selbst und möglicherweise auch Minderwertigkeitsgefühle, weil sie es nicht schaffen, diesem Anspruch gerecht zu werden. In den angloamerikanischen Ländern, in denen es eine Vielzahl an Glücksprogrammen gibt und in denen die größere Datenlage eine genauere Beurteilung über den Nutzen dieser Programme zulässt, gibt es kritische Stimmen. Die englische Erziehungswissenschaftlerin Kathryn

Ecclestone und der Erziehungswissenschaftler Dennis Hayes sehen eine Gefahr darin, dass die Schüler und Schülerinnen angeregt werden, zu sehr mit sich selbst zu beschäftigen (Ecclestone und Hayes 2009). Dadurch können Ängste verstärkt werden und eine therapeutische Abhängigkeit zu der Person entstehen, die sie dazu anhält, sich mit sich selbst auseinanderzusetzen. Sie berufen sich auf Studien, die gezeigt haben, dass viele Kinder von Angstzuständen berichten, die an diesen Glücksprogrammen teilgenommen haben, obwohl die meisten Kinder normalerweise ohne schwere psychische Schäden aufwachsen.

Zwar wird von den Befürwortern des Schulfachs Glück betont, dass es bei den Unterrichtsinhalten nicht um ein Glücksverständnis geht, das nur positive Gefühle beinhaltet, sondern dass es ein ganzheitliches Konzept ist, in dem auch negative Gefühle einbezogen werden. Doch der Name Glück und das Bestreben, Glück zu lernen, weckt falsche Erwartungen. Es gibt zwar Faktoren, die das Glück fördern, aber es gibt keine Praxis, um Glück zu erlernen. Möglicherweise würde es helfen, dem Fach einen anderen Namen mit weniger hohen Erwartungen zu geben, wie zum Beispiel Persönlichkeitsentwicklung oder Lebenskunst. Zudem sollten die Unterrichtsinhalte überdacht werden. Da Glück ein Nebenprodukt ist, wie Frankl betont, wäre die Frage, ob nicht mehr kreatives Tun angeboten werden sollte und weniger Innenschau. Die Tätigkeiten sollten nicht an Leistung gebunden sein, sondern einfach nur Freude machen, wie z. B. Backen, Singen, Gartenarbeit oder Spielen. Denn Glück kommt mit dem Tun, sagen nicht nur Viktor Frankl, sondern auch viele Glücksforscher wie Mihaly Csikszentmihalyi.

Welchen Einfluss hat Glück auf das Arbeitsleben?

Glückliche Menschen sind erfolgreicher. Sie sind leistungsfähiger, kreativer und flexibler, sie sind bereit, sich mit neuen Situationen auseinanderzusetzen. Und sie sind offen für Menschen und haben ein größeres berufliches und soziales Netzwerk. Das ist das Credo der Glücksforschung. Und dem ist nicht zu widersprechen. Jemand, der seine Arbeit gerne macht, ist engagierter und leistungsfähiger als jemand, der seine Arbeit lustlos erledigt. Doch auch hier ist die Frage, was ist die Ursache und was ist die Wirkung. Macht der Erfolg glücklich oder ist Glück die Voraussetzung für Erfolg? Wurde bisher vor allem argumentiert, dass Erfolg glücklich macht, betont die heutige Glücksforschung, dass Glück die Voraussetzung für Erfolg ist. Durch diese

Umkehrung des Kausalzusammenhangs wird Glück als wesentlicher Faktor für Wirtschaftlichkeit gesehen. Und das hat gravierende Folgen:

> „Damit wird Glück freilich nicht nur zu einer Voraussetzung des Zugangs zu Arbeit – immer mehr Manager geben an, Mitarbeiter danach auszusuchen, welches Maß an Glück und Positivität sie ausstrahlen –, sondern auch zum Inhalt von Arbeit selbst: positive Gefühle, Einstellungen und Motivationen sind zu zentralen Persönlichkeitsmerkmalen geworden, die sogar mehr zählen als Fertigkeiten und technische Qualifikationen." (Illouz und Cabanas 2019, S. 112)

Der Beruf soll als Berufung verstanden werden. Menschen, die ihre Tätigkeit als Berufung sehen, lieben ihre Arbeit so sehr, dass sie diese auch umsonst machen würden, so argumentieren die zwei Glücksforscher aus der Positiven Psychologie Robert Biswas-Diener und Ben Dean. Und das gelte für einen Pizzalieferanten genauso wie für einen Chirurgen. Es kommt nur darauf an, wie man seine Arbeit wahrnimmt (Biswas-Diener und Dean 2007, S. 195f). Man sieht hier die Gefahr dieser Argumentation. Eine bessere Bezahlung oder bessere Arbeitsbedingungen werden überflüssig, wenn die Arbeit als Berufung gesehen wird.

Es wird ignoriert, dass es bei jeder Arbeit Phasen gibt, in denen man lustlos ist oder ungern arbeitet, aber trotzdem seine Arbeit zuverlässig erledigt. Es entsteht ein großer Druck, wenn Glück als Voraussetzung für Leistungsfähigkeit gesehen wird. Und es können daraus andere weitreichende Nachteile entstehen. Die Arbeitnehmer:innen werden zunehmend selbst für ihr Glück verantwortlich gemacht und die Arbeitgeber:innen werden aus der Verantwortung entlassen. Bevor die Glücksforschung in die Arbeitswelt Eingang gefunden hat, ging man davon aus, dass gute Arbeitsbedingungen geschaffen werden müssen, wie beispielsweise bessere Arbeitszeiten und Zusatzleistungen. Daraus entstehen eine zufriedene Arbeitssituation und Erfolg. Wohlbefinden im Beruf wurde als Folge guter Arbeitsbedingungen und der persönlichen Leistung gesehen. Heute ist es umgekehrt. Man muss glücklich sein, um im Beruf Erfolg zu haben. Dennoch gibt es auch heute Unternehmen, die auf ein angenehmes Arbeitsumfeld achten. Internationale Konzerne bieten flexibles Arbeiten und einige Extras wie kostenloses, exzellentes Essen und Fitnessraum.

Was ist unter Glücksindustrie zu verstehen?

Die Konsumkultur umfasst nicht nur Produkte, sondern auch zunehmend zeitgenössische Werte und Utopien. Und dazu gehören auch Glück und die Vorstellung, dauerhafte Zufriedenheit durch die richtigen Maßnahmen, Produkte und Dienstleistungen zu erreichen. Dadurch ist ein lukrativer Glücksmarkt entstanden. Die Glücksforschung beschränkt sich nicht auf einen wissenschaftlichen Austausch in der Fachliteratur und in Fachverlagen, sondern die Wissenschaftler:innen schreiben Bücher für den Massenmarkt, die auf den Bestsellerlisten landen. Sehr viele Coaches nehmen Glück in ihr Programm, um das Wohlgefühl zu steigern. Zunehmend werden Glücksseminare auf dem Wohlfühlmarkt angeboten. Auch Lachkurse sollen zur Glückssteigerung beitragen.

Auf dem Glücksmarkt gibt es ein unübersehbares Angebot: Spiritualität, Wellness, Kulinarisches und vieles mehr (Bellebaum und Herbers 2006). Auch Glücksspiele versprechen Glück durch einen unverhofften Reichtum. Der Buchmarkt bietet eine Fülle von Ratgeberliteratur an, wie man glücklicher wird. Inzwischen gibt es auch etliche Zeitschriften, die sich nur mit dem Thema Glück beschäftigen und Titel tragen wie Happinez, Flow oder Hygge. Das dänische Wort Hygge, das oft mit Gemütlichkeit und Wohlbefinden übersetzt wird, hat auf dem Glücksmarkt eine große Verbreitung gefunden. Es wird als ein erstrebenswertes Lebensgefühl vermarktet, das sich auch in Produkten ausdrückt, wie eine gemütliche Wohnkultur mit viel Naturmaterialien.

Daneben sind auch Glücksapps zu finden, wie z. B. die kostenpflichtige App Happify. Die Jagd nach Glück wirkt sich auch auf den Verkauf von Medikamenten aus. Zwar gibt es keine Glückspille, aber um die Stimmung zu heben, nehmen Menschen auch ohne Depressionen Antidepressiva, wie z. B. das Medikament Prozac, das in den USA ohne Rezept erhältlich ist. Das Medikament wird damit beworben, dass es wenige Nebenwirkungen habe, was die Menschen in den USA dazu verleitet, das Antidepressivum als „Glückspille" zu nehmen. Die breit gestreute Werbung für Prozac hat Erfolg gezeigt: Die Verkaufszahlen sind stark angestiegen.

Auch viele andere Produkte sind auf den Glückstrend aufgesprungen. So werden gewöhnliche Kräutertees als „Glücklicher Augenblick", Kräutermischungen als „Glückskräuter" und Badezusätze als „Glückliche Auszeit" verkauft. Auch die Anzahl der Glücksbringer hat sich erweitert. Nicht nur

Hufeisen und Marienkäfer sollen Glück bringen, sondern auch Glückssteine, Armbänder und anderes wird mit Glücksversprechen verkauft.

Glück ist eine Marketingstrategie geworden. Die Werbung kommt kaum ohne das Versprechen aus, dass man beim Kauf des Produkts oder der Dienstleistung glücklicher wird. Die Vermarktung von Glück zeigt sich als sehr erfolgreiche Strategie zur Verkaufssteigerung von Produkten und Dienstleistungen. Der berühmte Werbespot von Zalando „Schrei vor Glück" zeigt dies.

Die Glücksindustrie bietet nicht nur zahlreiche Produkte an, sondern schafft inzwischen auch Arbeitsplätze. So gibt es eine unübersehbare Zahl an Glückscoaches. Dem Einfallsreichtum, Glück als Berufsfeld zu kreieren, sind keine Grenzen gesetzt. So gibt es beispielsweise ein „Ministerium für Glück und Wohlbefinden" mit einer Glücksministerin. Was auf den ersten Blick wie eine offizielle Behörde aussieht, ist eine unabhängige Initiative, die sich als Impulsgeber versteht und Vorträge und Workshops anbietet.

Wie ist Glücksforschung als Forschungsdisziplin einzuordnen?

Forschungen über Glück werden von vielen Disziplinen durchgeführt, wie z. B. in der Philosophie, Theologie, Soziologie. Doch in diesen Disziplinen ist Glück meist nur ein Thema unter vielen und wird in einem größeren Kontext bearbeitet. Da Glück im Leben der Menschen eine große Bedeutung hat, macht es durchaus Sinn, sich mit Glück wissenschaftlich zu befassen. Die Glücksforschung wird jedoch von der Positiven Psychologie dominiert, die in den USA ihren Ursprung hat und dort auch mit großer finanzieller Förderung betrieben wird. Glücksforschung wurde zu einer eigenen Disziplin, die nur auf Glück fokussiert ist. Es gibt inzwischen eigene Master- und Promotionsstudiengänge in „Applied Positive Psychology", nicht nur in den USA, sondern auch in England, Italien und Spanien. Weil Glück als eigenes, isoliertes Themenfeld erforscht wird und nicht in einen größeren Kontext eingebunden ist, fehlt eine breitere, korrigierende Perspektive. Auch die Methoden der Glücksforschung sind kritisch zu betrachten, wie in einer anderen Frage weiter unten ausgeführt wird.

Ein kritisches Hinterfragen der Vorgehensweise und der Ergebnisse wird oft vermieden. Meistens werden nur positive Ergebnisse präsentiert. Negative Ergebnisse oder Studien ohne klare Erkenntnisse werden kaum thematisiert. Der Psychologieprofessor Philipp Mayring kritisiert, dass die Glücksforscher:innen von ihrem Forschungsgegenstand so begeistert sind, dass sie die wissenschaftliche Abgeklärtheit verlieren und die Bedeutung ihres Forschungsgebietes maßlos überschätzen (Mayring und Rath 2013, S. 63). Unter Martin Seligman hat sich die → Positive Psychologie zu einer einflussreichen Bewegung entwickelt, so dass auch andere Gebiete der Psychologie diesen Trend aufgenommen haben, wie Positive Erziehung, Positive Gesundheit, Positive Neurowissenschaften.

Ein Kritikpunkt an der Glücksforschung ist, dass die Positive Psychologie eng mit Wirtschaftsvertretern zusammenarbeitet, von denen sie gefördert werden, so dass ein unabhängiges Forschen schwierig ist. Zudem entstand durch die enge Verbindung mit der Wirtschaftswissenschaft die Überzeugung, dass Glück messbar sei. „Somit wurde Glück als ein robust empirischer Begriff dargestellt, der sich nicht durch theoretische und philosophische Spekulationen, sondern aus riesigen Datenmengen herauspräparieren ließ." (Illouz und Cabanas 2019, S. 50)

Zu denken gibt auch die Tatsache, dass die Bücher der Glücksforschung nicht, wie andere wissenschaftliche Literatur, in erster Linie für einen wissenschaftlichen Austausch geschrieben werden, sondern den Massenmarkt bedient. Die Titel klingen sehr nach populärer Ratgeberliteratur, wie beispielsweise das Buch der sehr bekannten Glücksforscherin Sonja Lyubomirsky „Glücklichsein – Warum Sie es in der Hand haben, glücklich zu leben." Zudem bieten manche Glücksforscher:innen Lebensberatungen an und lassen sich ihre Dienstleistung teuer bezahlen. Martin Seligman hat bis 2005 per Telefonkonferenz Hunderten von Menschen zugleich Ratschläge erteilt und pro Person dafür 2000 Dollar verlangt (Ehrenreich 2009, S. 172).

Aus der Positiven Psychologie kommen neue Ansätze und Vorschläge, eine „zweite Welle" der Positiven Psychologie anzugehen. Diese strebt eine sensiblere Herangehensweise an und hält nicht an der strikten Trennung zwischen positiven und negativen Gefühlen fest (Lomas und Ivtzan 2016). Ob sich dieser Forschungsansatz durchsetzt, bleibt abzuwarten.

Literaturtipp | Eine sehr lesenswerte kritische Auseinandersetzung mit der Glücksforschung haben die Soziologieprofessorin Eva Illouz und der Psychologieprofessor Edgar Cabanas geschrieben. Sie nehmen die Studien der Glückforschung unter die Lupe und beleuchten die Hintergründe. Illouz, Eva und Cabanas, Edgar: Das Glücksdiktat und wie es unser Leben beherrscht. Aus dem Englischen von Michael Adrian. Berlin: Suhrkamp 2019.

Hat Glücksforschung auch negative Auswirkungen?

Die Glücksforschung, die sich ja auf unterschiedliche Disziplinen erstreckt, hat viele positive Ansätze. Doch es gibt auch negative Auswirkungen. Die Fokussierung auf Glücksforschung engt nicht nur die Forschungsperspektive ein, sondern hat einen Absolutheitsanspruch. Der Einfluss auf die Gesellschaft ist sehr groß, Glücklichsein ist zu einem gesellschaftlichen Zwang geworden. Problematisch ist auch die einseitige Betonung auf die Machbarkeit von Glück. Jeder kann glücklich werden. Und dafür liefert die Glücksforschung die richtigen Rezepte. Sie zeigt, wie man glücklich wird und negative Gefühle überwindet, wobei auch zu fragen wäre, ob Wut, Ärger und Unglücklichsein wirklich negative Gefühle sind. Von der Glücksforschung werden sie auf jeden Fall so klassifiziert.

Zudem wird in der Glücksforschung die Haltung vermittelt, dass jeder selbst für sein Glück verantwortlich ist. Die Gesellschaft und die Politik werden aus der Verantwortung genommen, um Missstände zu beseitigen, denn laut der Glücksforschung sind nur zehn Prozent des Glücksempfindens auf die äußeren Umstände zurückzuführen.

> „Auffällig ist in diesem Zusammenhang, dass die wissenschaftliche Behandlung des Glücks und die Glückindustrie, die um sie herum entstanden ist und gedeiht, ganz erheblich dazu beitragen, die Annahme durchzusetzen, Reichtum und Armut, Erfolg und Scheitern, Gesundheit und Krankheit lägen allein in unserer eigenen Verantwortung." (Illouz und Cabanas 2019, S. 18)

Damit wird also die Vorstellung gefördert, dass es keine strukturellen Probleme in der Politik, Arbeitswelt und Wirtschaft gibt, sondern nur psychologische Probleme. Es zählen die Individuen und nicht die Gesellschaft.

Negative Auswirkungen der Glücksforschung zeigen sich auch in der Nutzung von Daten. In der amerikanischen Glücksforschung wird auch auf Daten im Internet zugegriffen, ohne dass es den Nutzer:innen bekannt ist. Besonders problematisch ist es, wenn die Nutzer:innen manipuliert werden, wie es bei einem Fall von Facebook bekannt wurde. 2013 wurde bei einer

Studie auf die Einträge von 689.000 Nutzer:innen zugegriffen. Die Einträge wurden vorgefiltert, um zu untersuchen, wie sich positive und negative Emotionen in Sozialen Netzwerken ausbreiten (o. A. 2014). Die Nutzung der Daten war zulässig, weil die Nutzer:innen der Datenverwendung zustimmen müssen, wenn sie ein Facebookkonto eröffnen.

Warum wurde die Glücksforschung so einflussreich?

In den 1950er Jahren wurden die ersten Ansätze der Positiven Psychologie in den USA als unwissenschaftlich gesehen und auch noch in den 1990er Jahren nahm man diese Richtung in der Psychologie nicht ernst. Namhafte Psychologen, die später als Glücksforscher Karriere gemacht hatten, wie Michael Argyle, Ed Diener, Ruut Veenhoven und Daniel Kahneman argumentierten Anfang der 1990er Jahre, dass die bisherigen Versuche, Glück zu erforschen nicht besonders erfolgreich waren. Es fehle an theoretischer Schlüssigkeit und glaubwürdigen Beurteilungsverfahren. Außerdem sei der Begriff Glück mit Wertvorstellungen überfrachtet. Erst als Martin Seligman 1997 Präsident der Psychologischen Vereinigung Amerikas (APA, American Psychological Association ist die größte Psychologenvereinigung der USA) wurde, und die → Positive Psychologie auf seine Agenda setzte, gewann sie an Bedeutung. Mit dem Ziel, Glücksforschung als Wissenschaft zu etablieren, bekam Martin Seligman große öffentliche Aufmerksamkeit. Finanzielle Förderungen flossen nur noch so. Größere Geldgeber spendeten Millionen Dollar für die Forschung und stellten Preise und Stipendien bereit, um die Forschung über Positive Psychologie zu fördern. Das neue Forschungsfeld der APA hatte 2002 ein Budget von 37 Millionen Dollar (Illouz und Cabanas 2019, S. 29). Die konservative religiöse Templeton Foundation unterstützte die neue Wissenschaft unter anderem mit 5,8 Millionen Dollar für die Erforschung von Positiver Neurowissenschaft sowie die Erforschung der Rolle des Glücks und der Spiritualität in einem erfolgreichen Leben (Illouz und Cabanas 2019, S. 31). Auch Firmen wie Coca-Cola stellten der Forschung finanzielle Mittel zur Verfügung, in der Absicht die Produktivität ihrer Beschäftigten mit den Erkenntnissen der Positiven Psychologie zu fördern.

Die Glücksforschung verbreitete sich schnell. 2009 veranstaltete Seligman in Philadelphia den ersten Weltkongress der „International Positive Psychology Association“, an der 1500 Wissenschaftler:innen aus über 50 Ländern teilnahmen. Es entstanden Studiengänge zur Angewandten Positiven Psychologie, Handbücher und Lehrbücher wurden geschrieben und auch verschiedene Fachzeitschriften herausgegeben, wie z. B. Journal of Happiness Studies. Auch nach Europa schwappte die Glücksforschung über. Ende der 1990er Jahre erstellte der Sozialwissenschaftler Ruut Veenhoven an der Erasmus Universität Rotterdam die Internet-Plattform → World Database of Happiness, auf der Studien und Daten weltweit gesammelt werden (World Database of Happiness).

Die „neue Wissenschaft vom Glück“ fand nicht nur im akademischen Umfeld statt. Durch die öffentlichkeitswirksame Präsentation übernahmen auch Unternehmen, Motivationstrainer und Selbsthilfecoaches die Erkenntnisse. Zudem ist ein lukrativer Glücksmarkt entstanden mit Kursen, Seminaren, Büchern, Zeitschriften und vielen anderen Produkten und Dienstleistungen. Der Boom der Positiven Psychologie weitete sich auch auf andere Disziplinen aus, so dass sich auch die Wirtschaftswissenschaften, Erziehungswissenschaften, Gesundheitswissenschaften und andere Fachbereiche mit Glücksforschung befassten.

In Deutschland reagiert die akademische Psychologie bisher eher zurückhaltend auf die Glücksforschung. Im Bereich Coaching und Personalentwicklung hingegen wird die → Positive Psychologie mit Begeisterung aufgenommen. Häufig werden die Ergebnisse der Glücksforschung auch in Wirtschaft, Erziehung, Therapie und Politik angewendet. Auch die Medien greifen das Thema Glücksforschung auf und verbreiten die Forschungsergebnisse weltweit.

Ist die Positive Psychologie eine Ideologie?

Der Psychologieprofessor Philipp Mayring stellt die Frage, inwieweit die → Positive Psychologie ideologisch ist (Mayring 2012). Er überprüfte dies anhand von Kriterien nach einem Ideologiekonzept von Salamun (Salamun 2001). Wichtige Merkmale sind:

1. Absolutheits- und Ausschließlichkeitsansprüche
2. Charismatische Führungspersonen mit Machtansprüchen, Erkenntnismonopole
3. Immunisierungsstrategien durch Leerformeln und Suggestivdefinitionen, Zirkelargumente

4. Dichotomisierende Denkformeln
5. Dogmatisch-ganzheitliche Denkformeln
6. Feindstereotype, Verschwörungstheorien
7. Utopisch-messianische Heilsideen

In der Positiven Psychologie sind Äußerungen zu finden, die einen Absolutheitsanspruch zeigen, indem verkündigt wird, dass die Positive Psychologie die Überwindung von falschem Denken bewirkt und dadurch ein „goldenes Zeitalter“ für die Gesellschaft anbricht.

Die charismatische Persönlichkeit der Glücksbewegung ist Martin Seligman. Er hat einen eigenen Studiengang für Positive Psychologie eingerichtet (Master of Applied Positive Psychology) und die Positive Psychologie zu einer weltweiten Forschungsrichtung etabliert.

In der Positiven Psychologie werden viele Leerformeln verwendet, so zum Beispiel, dass mit dieser Wissenschaft positive Emotionen kultiviert werden, um Gesundheit und Wohlbefinden zu optimieren.

Die Dichotomisierung in der Positiven Psychologie zeigt sich in der Gegenüberstellung von Psychischer Erkrankung und Positiver Psychologie. Charaktereigenschaften werden in positive und negative Merkmale gegliedert. Die Einteilung in Stärken und Schwächen lässt keine Zwischentöne zu.

Denkformeln zeigen sich in der Positiven Psychologie beispielsweise in der Gleichung, die Martin Seligman aufgestellt hat: G (Glück) = V (vererbte Bandbreite erreichbaren Glücks) + L (Lebensumstände) + W (Faktoren, die unter der Kontrolle unseres Willens stehen). Auch die → 40-Prozent-Regel ist eine dogmatische Denkformel.

Feindstereotype finden sich nicht oder nur in abgeschwächter Form durch das Schwarz-Weiß-Denken. Heilsideen hingegen schwingen mit, wenn in der Positiven Psychologie Persönlichkeitstests angeboten werden, in denen sich die Stärken und Schwächen offenbaren und anschließend Verhaltensempfehlungen und Schriften als Lösung für ein glücklicheres Leben nahegelegt werden.

Philipp Mayring betont als Fazit, dass die Positive Psychologie Merkmale einer Ideologie enthält, dass er aber die Glücksforschung nicht generell in Frage stellen möchte. „Das, was an der Positiven Psychologie so verstört, ist ihr Sendungsbewusstsein und ihr Ausschließlichkeitsanspruch“ (Mayring 2012). Die Arbeitsweise von Psycholog:innen, die sich mit Depressionen und anderen Erkrankungen beschäftigen, wird durch den Absolutheitsanspruch der Positiven Psychologie in Frage gestellt. In der Positiven Psychologie fehlt eine relativierende, auf die Vorläufigkeit der Erkenntnisse hinweisendes Argumentieren, das ja ein entscheidendes Kriterium für wissenschaftliches Arbeiten ist.

Literaturtipp | In diesem Aufsatz prüft Philipp Mayring systematisch anhand von Kriterien, warum die Positive Psychologie ideologische Tendenzen hat. Mayring, Philipp: Zur Kritik der Positiven Psychologie. In: Psychologie und Gesellschaftskritik 36 (2012) 1, S. 45–61.

Sind die Messmethoden geeignet, um Glück zu erforschen?

Anfang der 1990er Jahre waren Wissenschaftler, die sich mit Glück befassten, noch skeptisch, ob sich Glück erforschen lässt, weil die bisherigen Forschungen wenig fundierte Ergebnisse gebracht hatten. Doch mit dem Siegeszug der Glücksforschung arbeiteten die Wissenschaftler mit Ökonomen zusammen und wendeten quantitative Messmethoden an. Glück wurde nun auf der Basis von Umfragen vermessen. Die Frage lautet in der Regel: „Alles in allem, wie schätzen Sie Ihr Leben derzeit ein?“ Als Antwortmöglichkeit kann man auswählen: Sehr glücklich, ziemlich glücklich, nicht besonders glücklich, überhaupt nicht glücklich.“ Doch was bedeutet ziemlich glücklich? Die Spanne ist hier sehr groß. Inzwischen muss man meistens seine Antwort auf einer Skala von 0 bis 10 angeben. Doch wie groß ist die Aussagekraft der Antworten? Abgesehen davon, dass es schwierig ist, das ganze Leben zusammenzunehmen und darauf eine Antwort zu geben, ist die Beurteilung auch davon abhängig, in welcher aktuellen Gemütsverfassung sich die Befragten befinden. Von dem gegenwärtigen emotionalen Befinden aus wird das ganze Leben beurteilt. Außerdem ist die Vergleichbarkeit schwierig. Man kann nicht beurteilen, ob für jeden ein Quotient von 6 dasselbe Maß an Glück ausdrückt oder ob ein Quotient von 7 in Deutschland schlechter ist als ein Quotient von 8 in den USA, wo sehr viel schneller das Wort happy verwendet wird. Die Zufriedenheitswerte müssen zudem immer hinterfragt werden, weil sich Menschen höher einstufen als sie sind, um der gesellschaftlichen Erwartung zu entsprechen.

Es stellt sich auch die Frage, welcher Glücksbegriff der Untersuchung zugrunde liegt. Reden Forscher:innen und Befragte vom gleichen Glück? Und ist es dann vergleichbar, wenn Unterschiedliches darunter verstanden wird? Die Methoden der Glücksforschung sind häufig zu simpel, um zu stabilen, aussagekräftigen Ergebnissen zu kommen. Die quantitativen Messungen lassen qualitative Vorgehensweisen außer Acht. Qualitative Methoden, wie z. B. Interviews von Lebensgeschichten beziehen auch Faktoren ein, die in quantitativen Studien nicht vorkommen, z. B. soziale Aspekte in der Beurteilung des eigenen Lebens oder auch das individuelle Glücksverständnis. Viele wichtige Aspekte bleiben so in der Glücksforschung unterrepräsentiert. Mit einer großen Datenmenge können zwar viele Aussagen und Zusammenhänge getroffen werden, jedoch fehlt es oft an einer differenzierten Betrachtungsweise, die mit einer qualitativen Untersuchung möglich sind. Die Daten können zu Scheinkorrelationen führen, die durch eine qualitative Untersuchung aufgedeckt werden könnten. Ein Beispiel, das dies veranschaulicht: Würde man untersuchen, ob es tatsächlich der Storch ist, der die Babys bringt, dann würde man bei einer qualitativen Untersuchung feststellen, dass es auf dem Land viele Störche und viele Babys gibt und in der Stadt nur wenige Störche und wenige Babys. Man würde hier einen Zusammenhang sehen. Diese Scheinkorrelation könnte mit einer qualitativen Untersuchung entlarvt werden, indem man das Leben eines einzigen Storches oder eines einzigen Babys untersucht.

Die Ergebnisse der Glücksforschung sind nicht so klar, wie sie oft dargestellt werden. Häufig sind sie korrelational und nicht kausativ. So ist aus dem Zusammenhang, dass glückliche Menschen erfolgreicher sind, nicht zu beweisen, dass der Optimismus den Erfolg verursacht hat. Es wäre auch möglich, dass es umgekehrt ist, dass der Erfolg die Menschen glücklich macht. Zudem stellt sich die Frage, welche Rolle die glückliche Gemütsverfassung beim Erfolg spielt und ob nicht Fleiß und Ausdauer viel entscheidender sind.

Auch Martin Seligman hat inzwischen Bedenken über die Methodik in der Glücksforschung geäußert. Bei einem Kongress löste er einen Tumult aus, als er sagte, dass Glück wissenschaftlich schwer in den Griff zu bekommen sei und man stattdessen Glück durch die Begriffe Erfolg und Leistung ersetzen solle, weil sie messbarer sind (Ehrenreich 2009, S. 201).

Wie aussagekräftig sind die Ergebnisse der Glücksforschung?

Es ist zu bezweifeln, dass Menschen so glücklich sind, wie sie angeben. Da bei Umfragen Menschen versuchen, möglichst gut abzuschneiden, geben sie positive Antworten. Glücklich zu sein heißt erfolgreich zu sein, was in unserer Leistungsgesellschaft positiv konnotiert ist. Deshalb zeigen die Glücksbefragungen eher, welch ein hoher Wert Glück in unserer Gesellschaft hat als wie glücklich die Menschen tatsächlich sind. In einer Befragung, die vom Demoskopischen Institut Allensbach durchgeführt wurde, gaben 70 Prozent der Befragten an, glücklich zu sein, 16 Prozent sogar sehr glücklich, 8 Prozent nicht sehr glücklich und nur 1 Prozent überhaupt nicht glücklich. Das heißt 86 Prozent zählten sich zu den Glücklichen (Identity Foundation 2002). Im Allgemeinen liegen die Glücksquoten ziemlich hoch. Selbst Deutschland liegt bei 7,034 Punkten von 10 (World Happiness Report 2022). Die hohen Glücksquoten stehen im Widerspruch zu der ansteigenden Anzahl von psychischen Erkrankungen wie Depressionen, Angstzuständen und Burnout. Laut Weltgesundheitsorganisation entwickelt sich die Depression weltweit zur Volkskrankheit Nummer eins. Zudem führen die Durchschnittswerte bei quantitativen Untersuchungen zu irreführenden Ergebnissen. So sind Finnland und Island an der Spitze der glücklichsten Länder. Gleichzeitig hat aber die lange Dunkelheit im Winter eine negative Auswirkung auf die Psyche. Die Zahlen von Depressionen, Alkoholismus und Suizid sind dort sehr hoch.

Was in der Glücksforschung präsentiert wird, sind Mittelwerte. Doch diese gehen oft an der Lebenswirklichkeit vorbei. So wird die Lebenserwartung im Mittelalter mit ungefähr 40 Jahren angegeben. Tatsächlich sind die meisten im Kindesalter, als junge Frau im Kindbett oder als junger Mann im Krieg gestorben. Viele haben ein Alter von 70 Jahren erreicht. Wie bei jeder Forschung ist es wichtig, die Ergebnisse zu hinterfragen.

Die Analyse von statistischen Befragungen kommt teilweise zu Ergebnissen, die anderen Daten widersprechen. So ergibt eine Analyse des Soziologieprofessors Martin Schröder, der die Daten des → Sozio-oekonomischen Panels ausgewertet hat, dass Frauen zufriedener sind, wenn ihr Partner länger arbeitet und somit weniger Zeit zu Hause verbringt. „Insgesamt ergibt sich, dass Väter und Mütter am zufriedensten sind, wenn der Mann ca. viermal so lange arbeitet wie die Frau.“ (Schröder 2020, S. 101) Frauen und Männer sind am zufriedensten in einer „traditionellen Partnerschaft“, schlussfolgert Schröder. Ein anderes Ergebnis scheint dies zu bestätigten. So zeigt die Auswertung der Daten, dass Frauen und Männer zufriedener sind, wenn Frauen mehr Hausarbeit machen als Männer. Das widerspricht vielen anderen Studien und dem, was Frauen äußern. Frauen wünschen sich, dass Männer mehr im Haushalt arbeiten. Warum beklagen sich Frauen über die mangelnde Mitarbeit der Männer im Haushalt, wenn sie damit glücklich sind? Hier wäre eine qualitative Untersuchung angebracht, um die genauen Zusammenhänge zu erforschen. So könnte dieses zweifelhafte Ergebnis dadurch zustande gekommen sein, dass in der Realität Frauen mehr Hausarbeit machen als Männer. Und wenn sie über die → Zufriedenheit ihres Lebens befragt werden („Alles in allem, wie zufrieden sind Sie derzeit mit Ihrem Leben"), dann geben sie eine allgemeine Einschätzung. Und dabei spielen auch andere Faktoren hinein, die das Wohlgefühl positiv beeinflussen, wie ein erfülltes Berufsleben, Freund:innen und ein schönes Zuhause. Die Glückbefragungen verstärken den bestehenden Status Quo der Gesellschaft und liefern Argumente gegen eine Veränderung der Zustände. Warum sollte für eine gleichberechtigte Arbeitsteilung im Beruf und Haushalt gekämpft werden, wenn Frauen und Männer mit einer traditionellen Arbeitsteilung am glücklichsten sind? Die Gefahr ist, es bei den traditionellen Geschlechterverhältnissen zu belassen, anstatt die Umstände zu ändern.

Was sagen die weltweiten Rankings über das Glück der Nationen aus?

Die Vergleichbarkeit verschiedener Kulturen ist schwierig, zumal nicht das Glücksverständnis der jeweiligen Kultur erfragt wird. Die Forschungen über Glück in anderen Kulturen sind sehr → ethnozentrisch. Die weltweiten Studien werden überwiegend von Glücksforscher:innen aus angloamerikanischen Ländern und westlichen Industrienationen durchgeführt, die ihr eigenes Glücksverständnis als Grundlage nehmen. In diesen Gesellschaften zählt das individuelle Glück, während das Glückverständnis in asiatischen Ländern im gesellschaftlichen Kontext bewertet wird.

Die Glücksrankings sind in ihrer Aussagekraft zu hinterfragen, denn die Ergebnisse sind nicht immer nachvollziehbar, wie anhand einer Auswertung des → Sozio-oekonomischen Panels deutlich wird:

> „Diese Daten zeigen, dass Menschen in manchen extrem undemokratischen Ländern trotzdem recht zufrieden sind, beispielsweise in Katar, Usbekistan, Saudi-Arabien oder Bahrain. […] Wichtig ist also nicht, ob Länder wirklich demokratisch sind, sondern ob Menschen sich dort frei fühlen und das ist nicht dasselbe. In vielen de facto undemokratischen Ländern, beispielsweise den Golfstaaten oder China, fühlen Menschen sich nach den Daten sogar freier und selbstbestimmter, als Deutsche oder Franzosen es tun, obwohl Letztere ein messbar freieres Leben haben." (Schröder 2020, S. 171)

Hier zeigt sich, wie weit die Daten von der Lebenswirklichkeit entfernt sind. Es ist anzunehmen, dass Frauen in Katar und politische Kritiker:innen in China in dieser Befragung stark unterrepräsentiert sind. Zudem sind die Befragungsergebnisse in Diktaturen, in denen man wegen kritischen Aussagen im Gefängnis landet, nicht wirklich aussagekräftig. Die Glückrankings ziehen auch negative Konsequenzen nach sich, weil dadurch offenbar kein Handlungsbedarf besteht. Wenn die Menschen in Katar oder China zufrieden sind und sich frei fühlen, besteht kein Grund, die politischen und gesellschaftlichen Zustände anzuprangern.

Auch bei Studien über den Zusammenhang von Reichtum und Glück und der Schlussfolgerung „Kein reiches Land hat eine unzufriedene Bevölkerung" (zitiert in Schröder 2020, S. 168) kommen Fragen auf: Wie ist es zu erklären, dass gerade in diesen Ländern Burnout, Depressionen und Ängste zunehmen?

Was ist die 40-Prozent-Regel und wie ist sie zu bewerten?

Viele Studien zeigen, dass das Glücksempfinden genetisch stark verankert ist. Die amerikanische Glücksforscherin Sonja Lyubomirsky hat die → 40-Prozent-Regel aufgestellt. Demnach können wir 40 Prozent unserer Glücksfähigkeit beeinflussen, 50 Prozent sind angeboren ist und 10 Prozent hängen von den Lebensumständen ab. Der genetische Einfluss ist vor allem aus der Zwillingsforschung bekannt. Zwillinge, die unter sehr verschiedenen Lebensbedingungen aufgewachsen sind, haben eine sehr ähnliche Glücksfähigkeit. Sonja Lyubomirsky betont in ihrem Buch „Glücklich sein. Warum Sie es in der Hand haben, zufrieden zu leben" (Lyubomirsky 2008), dass sich jeder Zufriedenheit und Glück antrainieren kann. Die genetischen

Voraussetzungen fallen dabei offenbar nicht ins Gewicht. Zudem betont sie, dass die Umstände nicht der Schlüssel zum Glück seien.

Kritiker:innen wie Barbara Ehrenreich bemängeln, dass die Lebensumstände dabei systematisch heruntergespielt werden. Das hat weitreichende Konsequenzen, denn „wenn die Lebensumstände nur wenig Bedeutung für das Glück des Menschen haben [...], dann hat auch die Politik nur marginale Bedeutung. Warum für bessere Jobs und Schulen, für mehr Sicherheit im Wohnviertel, eine allen zugängliche Krankenversicherung oder sonst ein liberales Desiderat eintreten, wenn diese Dinge so wenig zum Glück der Menschen beitragen?“ (Ehrenreich 2009, S. 197). Zudem wird auch nicht berücksichtigt, dass Gesellschaftsschicht, Geschlecht, Hautfarbe, Ethnie und Nationalität zu Statusunterschieden und Machtungleichheiten führen. Diese Unterschiede bestimmen auch den Zugang zu Bildung, zum Gesundheitssystem und die Behandlung durch das Strafrecht. Es sei nicht nur kurzsichtig, sondern auch moralisch verwerflich, wenn man Menschen Glücksrezepte vorsetzt, ohne sie durch einen sozialen Wandel zu unterstützen, kritisieren Dana Becker und Jeanne Marecek (Becker und Marecek 2008).

Die → 40-Prozent-Regel zielt stark darauf ab, dass jeder die Verantwortung für sein Glück selbst hat. Auch wenn nach dieser Theorie 50 Prozent genetisch bedingt sind, wird suggeriert, dass man das Glück selbst in der Hand hat.

Nachwort: Ein gelassener Umgang mit Glück

In diesem Buch wurde versucht, einen Einblick zu geben, was unter Glück verstanden wird und wie über Glück geforscht wird. Zahlreiche international anerkannte Wissenschaftler:innen forschen an renommierten Universitäten über Glück und Subjektives Wohlbefinden. Glücksforschung ist durchaus sinnvoll, denn Glück ist im Leben der Menschen sehr bedeutsam. Alle Menschen möchten glücklich sein, sagte schon Aristoteles. Viele Erkenntnisse der Glücksforschung sind hilfreich, um mehr Zufriedenheit zu erlangen. So haben Studien aufgezeigt, dass viele Dinge nicht so glücklich machen, wie man glaubt und dass man oft falschen Glücksversprechen hinterherjagt. Sehr klar zeigt die Forschung, dass die größte Glücksquelle enge Beziehungen sind. Und das unterschätzt man oft.

Die Methoden und die Interpretationen der Ergebnisse müssen jedoch kritisch betrachtet werden. Glück ist wissenschaftlich schwer fassbar. Besonders problematisch ist die isolierte Fokussierung auf Glück, die in ihrem Absolutheitsanspruch alle anderen Gefühle als negativ betrachtet, die es zu überwinden gilt. Wichtig wäre ein selbstkritisches Hinterfragen, sowohl in der Glücksforschung als auch bei der allgemeinen Jagd nach Glück. Glück hat eine immens hohe Bedeutung in unserer Gesellschaft bekommen. Bei der unentwegten Suche nach Glück beschäftigt man sich mehr mit sich selbst als mit anderen. In all dem Glücksstreben geht oft unter, dass Glück zwar wichtig ist, aber nicht das Wichtigste. Viel bedeutsamer ist Sinn. Für ein erfülltes Leben braucht es die ganze Vielfalt der Emotionen. Der Philosoph Wilhelm Schmid nennt es das Glück der Fülle. Das bedeutet, dass man das Leben in seiner ganzen Vielfältigkeit und Gegensätzlichkeit annimmt, zu dem Gelingen und Misslingen gehört, Wohlgefühl und auch Schmerz. Sinn entsteht auch in dem Bewusstsein, dass jeder Mensch einzigartig ist. Es gibt in der ganzen Menschheitsgeschichte keine zwei gleichen Menschen. Jeder Mensch hinterlässt seine individuellen Fußspuren und prägt sein Umfeld auf seine Weise, ob man glücklich ist oder nicht. Lebenssinn allein im Glück zu suchen ist sehr fragil. Was macht dann das Leben lebenswert, wenn man nicht glücklich ist?

Wir möchten glücklich sein. Das ist in uns. Wir können einiges für unser Wohlbefinden tun, aber es ist nicht förderlich, wenn wir ständig den Puls fühlen und uns fragen: Wie glücklich bin ich? Könnte ich nicht noch glücklicher sein? Anstatt unsere Selbstoptimierung voranzutreiben, sollten wir lernen, uns selbst und das Leben so anzunehmen, wie es ist. Das ist eine lebenslange Herausforderung, aber es fördert einen gelassenen Umgang mit Glück. In einer sehr sehenswerten MDR-Dokumentation (MDR DOK 2020) wird ein Bäckersehepaar befragt, was sie glücklich macht. Der Bäcker erzählt begeistert, dass er mit seinen Händen ein Produkt schafft, das seine Kundinnen und Kunden glücklich macht. Und auch seine Frau, die die Backwaren im Laden verkauft, erzählt mit leuchtenden Augen, dass sie ihren Beruf mit einer großen Leidenschaft ausübe. Doch auf die Frage, was für sie Glück ist, weiß sie keine Antwort: „Was ist für mich Glück? Bis dato habe ich mich, ehrlich gesagt, noch nicht mit dem Wort Glück auseinandergesetzt, muss ich ehrlich sagen. Es gibt ganz viele Momente, wo ich sage: Ach, ist das gerade schön, das genieße ich gerade, das ist wunderbar! Aber das Glück als Ziel, ne, das habe ich mir tatsächlich noch nie gesetzt. Ich wüsste gar nicht, was für mich das Ziel wäre, um da, wenn ich da ankomme, zu sagen: Dann bin ich glücklich."

Vielleicht liegt darin das Geheimnis des Glücks, dass man nicht immer auf der Suche nach Glück ist, sondern es genießt, wenn es da ist. Ich wünsche Ihnen einen gelassenen und achtsamen Umgang mit Glück!

Glossar - Wichtige Begriffe kurz erklärt

Im Text werden zentrale Fachbegriffe mit einem → gekennzeichnet. Hier werden sie genau erklärt.

Belastungsfreiheit

Belastungsfreiheit ist ein Gefühl, über nichts klagen zu müssen und frei von Sorgen und Grübeleien zu sein. Es ist im weiteren Sinne eine Form von Glück und wird oft als Synonym für Zufriedenheit verwendet.

Bruttonationalglück

Bruttonationalglück (engl. *Gross National Happiness)* steht als Gegensatz zum Bruttonationalprodukt. Statt Wirtschaftsleistung wird das Wohlbefinden der Bevölkerung als höchstes Ziel angestrebt. Das bekannteste Beispiel für die Umsetzung ist Bhutan. Die politischen Maßnahmen sollen eine Verbesserung der Lebensbedingungen, der Bildung und die Bewahrung der Kultur bewirken. Um den Erfolg der Maßnahmen zu überprüfen, werden regelmäßig Befragungen zum Wohlbefinden der Menschen durchgeführt.

Chief Happiness Officer (CHO)

Chief Happiness Officer oder *Chief Happiness Manager* sind Manager im Personalbereich, die für das Wohlbefinden der Mitarbeiter:innen verantwortlich sind. Sie sollen die Mitarbeiter:innen motivieren, das Beste aus sich herauszuholen. Ziel ist es, die Leistungsfähigkeit, die Resilienz und die Flexibilität zu steigern. In Frankreich wird dieser Posten als *Responsable du bonheur* bezeichnet. Große Unternehmen wie Zappos, Google, Lego und IKEA beschäftigen *Chief Happiness Officer.*

Erfahrungsstichprobe

Die Erfahrungsstichprobe (engl. *Experience Sampling Method ESM)* ist eine Forschungsmethode, die in der Glücksforschung angewendet wird. Die Testpersonen tragen während des Untersuchungszeitraumes ein elektronisches Gerät bei sich. Wenn das Gerät ein Signal von sich gibt, muss die Testperson Fragen beantworten, z. B. wo sie sich gerade befinden, was sie machen und wie sie sich fühlen. Ziel ist es, zeitnah die Emotionen der Testpersonen zu erfassen.

Ethnozentrismus, ethnozentrisch

Ethnozentrismus ist eine Perspektive, bei der man Menschen vor dem Hintergrund seiner eigenen Kultur betrachtet und bewertet. Die eigene Kultur ist der Maßstab, wie man andere Lebensweisen und Weltanschauungen betrachtet. Wir sind von der Kultur geprägt, in der wir aufgewachsen sind. So wie man selbst lebt, gilt als normal, andere Lebensweisen und Einstellungen als von der Norm abweichend. Dabei wird die eigene Kultur höher bewertet als fremde Kulturen. Diese normative Betrachtung geschieht, weil die eigene Kultur vertraut ist und das Fremde aufgrund von Unkenntnis Unbehagen oder Ängste hervorruft. Wichtig ist bei Forschungen, sich der ethnozentrischen Betrachtungsweise bewusst zu werden, um die Wahrnehmungsverzerrung aufzudecken.

Häufig wird der Begriff im ethnologischen Zusammenhang verwendet und bezieht sich auf die Sichtweise von Kulturen. Es kann aber auch in sozialwissenschaftlichem und psychologischem Zusammenhang verwendet werden, um die Voreingenommenheit von Gruppen zu beschreiben.

Eudaimonia

Der griechische Begriff *Eudaimonia* bedeutet einen guten Dämon oder einen guten Geist zu haben (lat. *beatitudo).* Die Bezeichnung wurde von den Philosophen der Antike verwendet und meint eine gelungene Lebensführung. Wichtige Faktoren dazu sind Selbstgenügsamkeit und Tugendhaftigkeit, aber auch die Ausschöpfung der eigenen Potentiale. Dieser Glücksbegriff meint kein kurzfristiges Glück, sondern ist ein auf Dauer angelegtes Glück, das sowohl Wohlbefinden, aber auch Schmerzen beinhaltet. Dabei geht es nicht um Subjektives Wohlbefinden, wie wir es heute verstehen, sondern um ein objektives Wohlergehen. Bei dem Glücksbegriff *Eudaimonia* steht nicht die Emotionalität im Zentrum, sondern ein Lebenswandel, der sich aber positiv auf das seelische Befinden auswirkt.

Euphorie

Euphorie ist eine Form des Glücks, ein Glücksmoment oder ein Hochgefühl. Dieses Gefühl dauert meistens nicht sehr lange an. Der Auslöser für euphorische Gefühle kann sehr unterschiedlich sein, wie z. B. Verliebtheit oder ein Erfolgserlebnis. Euphorie kann nur wenig beeinflusst werden. Häufig entsteht Euphorie in einem Überraschungsmoment.

Freude

Freude ist eine Form des Glücks und wird in unterschiedlicher Weise verwendet, so dass die Bedeutung nicht eindeutig ist. Unter Freude wird in der Regel ein positiver Gefühlszustand verstanden, der kurz sein kann aber auch länger andauern kann, wie zum Beispiel die Vorfreude auf den Urlaub. Freude ist beeinflussbar, denn man kann sich freudige Gefühle verschaffen, indem man zum Beispiel etwas Schönes unternimmt oder sich mit Freunden und Freundinnen trifft.

Glückshormone

Die Neurotransmitter, also die Botenstoffe, die Glücksgefühle auslösen, werden populärwissenschaftlich als Glückshormone bezeichnet. Diese Neurotransmitter sind Serotonin, Dopamin, Noradrenalin, Endorphine, Oxytocin und Phenethylamin.

Glückseligkeit

Heute wird unter Glückseligkeit eine besonders intensive Emotion des Glücksempfindens verstanden. Jemand, der überglücklich ist, ist glückselig. Für die Philosophen der Antike und die Theologen des Mittelalters bedeutete Glückseligkeit ein Zustand, der über das Fühlen hinausgeht. Es ist das vollkommene Glück, das nur über ein tugendhaftes Leben, und oft erst nach dem Tod, erlangt werden kann.

Glückssymbol

Glückssymbol oder auch Glücksbringer sind Gegenstände, die Glück bringen sollen. Die bekanntesten Glückssymbole sind Schornsteinfeger, Glücksschwein, Fliegenpilz, vierblättriges Kleeblatt, Marienkäfer oder Hufeisen. Diese Glückssymbole werden oft zum Neuen Jahr geschenkt, um ein glückliches Jahr zu wünschen. Im Gegensatz zu Glückssymbolen, die allgemein bekannt sind, gibt es auch persönliche Glücksbringer. Hier spricht man nicht von Glückssymbolen, sondern von Glücksbringern. Das sind meistens Gegenstände, mit denen man Positives verbindet, wie zum Beispiel einen Stein oder einen Kettenanhänger, den man von einer Person bekommen hat, die einem viel bedeutet. Was man als Glücksbringer einstuft, wird meistens daran deutlich, dass man auf diesen Gegenstand nicht verzichten möchte, während man eine Prüfung schreibt.

Grant-Studie

Die größte Langzeitstudie über Glück "Harvard Adult Development Study", kurz Grant-Studie, ist nach William Thomas Grant, dem Mann, der die Studie die ersten zehn Jahre finanziell förderte, benannt. Die Studie wurde 1938 in der medizinischen Fakultät der Harvard-Universität begonnen. Es wurden nur Männer in die Studie aufgenommen, weil Frauen in Harvard noch nicht zugelassen waren. In regelmäßigen Abständen wurden die Teilnehmer der

Studie medizinisch untersucht und über ihre Lebensverhältnisse und über ihr Glücksempfinden befragt. Inzwischen sind viele Teilnehmer gestorben. Die Studie läuft aber weiter, denn nun wird die nachfolgende Generation befragt. Dabei geht es unter anderem auch darum, wie ihre Kindheit war. Die Weiterführung der Studie zielt darauf ab, herauszufinden, ob der Glückszustand in die nächste Generation hineinreicht.

Hedonismus

Der griechische Begriff Hedonismus meint eine lustorientierte, genussfreudige Haltung. In der antiken Philosophie war vor allem Epikur ein Vertreter des Hedonismus. Für ihn bedeutete Hedonismus jedoch nicht ungezügelte Lusterfüllung, sondern stand mit einem tugendhaften Leben in Verbindung. Das Streben nach Dingen, die uns Freude bereiten, ist ein starker Antrieb des Menschen. Heute wird unter Hedonismus häufig eine kurzfristig orientierte Lustbefriedigung verstanden wie Essen, Sex oder materielle Dinge, die man sich leistet.

Hedonistische Adaption

Das subjektive Glücksempfinden, das man durch die Selbsteinschätzung der befragten Menschen ermittelt, bleibt konstant, auch wenn sich die objektiven Glücksparameter verbessern. Wenn sich jemand ein neues Auto kauft, hat sich das objektive Wohlergehen verbessert, aber nicht sein subjektives Zufriedenheitsniveau, denn mit einem höheren finanziellen Spielraum haben sich auch die Ansprüche geändert. Da man sich an die Dinge gewöhnt, die eine Zeitlang glücklich gemacht haben, strebt man nach mehr, an das man sich aber auch gewöhnt.

Hedonistische Tretmühle

Die Gewöhnung an Glück (siehe hedonistische Adaption) bewirkt, dass man immer nach neuen oder mehr Dingen strebt, die glücklich machen. Man nennt das eine hedonistische Tretmühle (engl. *hedonistic treadmill).* Wie ein Hamster im Hamsterrad erreicht man trotz seines Abstrampelns keine dauerhafte Verbesserung seines Zufriedenheitslevels.

Hedonomics

Der Begriff, zusammengesetzt aus *hedonism* und *economics*, ist ein Fachbegriff der glücksorientierten Wirtschaftswissenschaft. Das Ziel ist, wirtschaftliche Entscheidungen zu treffen, die nicht kurzfristig das Wohlbefinden erhöhen, sondern auch langfristig zufriedener machen.

Impact bias

Unter *impact bias* versteht man die Überschätzung von Gütern für das zukünftige Glück. Beim Kauf von Produkten erhofft man sich länger andauernde und intensivere Emotionen als dann tatsächlich eintreten.

Intrinsische Motivation

Eine Motivation ist der Beweggrund, warum wir Dinge tun. Eine intrinsische Motivation geschieht aus sich selbst heraus im Gegensatz zur extrinsischen Motivation, die dadurch entsteht, weil man eine Belohnung von außen oder einen Vorteil erhält. Bei der intrinsischen Motivation liegt die Belohnung im Tun selbst, weil dabei positive Gefühle erweckt werden. So entsteht beispielsweise das Gefühl des Flows.

Logotherapie

Die Logotherapie ist eine Therapie der Sinnsuche. Sie dient dazu, selbst im Leiden einen Sinn zu erkennen. Logotherapie wird auch als „Dritte Wiener Schule der Psychotherapie bezeichnet", nach der ersten psychotherapeutischen Lehre von Sigmund Freud und der zweiten von Alfred Adler. Der Begründer der Logotherapie ist der Psychotherapeut Viktor Frankl. Während seiner Zeit als Häftling in verschiedenen Konzentrationslagern hat er seine Erkenntnisse über Sinn weiterentwickelt, über den er schon zuvor geforscht hatte. Einen Sinn im Leben zu sehen ist existenziell. Das half ihm und anderen Menschen im Konzentrationslager, zu überleben. Ein wichtiger Aspekt bei der Logotherapie ist die Willensfreiheit des Menschen, die ihn dazu befähigt, selbstverantwortlich sein Leben zu gestalten.

Lucky-Girl-Syndrom

Das Lucky-Girl-Syndrom ist ein Trend, der sich vor allem auf Tiktok verbreitet. Dahinter steckt die Überzeugung, dass man durch Manifestation dauerhaft glücklich werden kann. Dem zugrunde liegt das Gesetz der Anziehung: Gleiches bewirkt Gleiches. Wer positive Energie ins Universum sendet, bekommt positive Energie zurück. Durch Gedanken und Vorstellungen lässt sich die Realität materialisieren. Man muss sich also nur sein Glück detailliert vorstellen, als ob es Realität sei, dann tritt es auch so ein.

Melancholie

Entsprechend der Viersäftelehre von Hippokrates ist Melancholie ein Überschuss an schwarzer Galle und verursacht Schwermütigkeit. Das Wesen der Melancholiker ist von einer Traurigkeit bestimmt, die nicht situationsgebunden ist. Melancholiker kehren sich oft von der Außenwelt ab und ziehen sich in ihr Inneres zurück. Im Gegensatz zur Depression ist Melancholie keine psychische Erkrankung. Melancholiker sind nicht so sehr von Ängsten, Antriebslosigkeit oder innere Leere bestimmt wie depressive Menschen, sondern neigen zu Grübeleien, Pessimismus und Nachdenklichkeit. Von Künstler:innen wird die Melancholie auch ein Zustand gesehen, der durch die tiefere Auseinandersetzung mit dem Leben und der Welt die Kreativität fördert.

Positive Psychologie

Es ist eine Richtung der Psychologie, die nicht defizitorientiert ist, sondern sich an dem, was den Menschen psychisch gesund und optimistisch hält, orientiert. Sie beschäftigt sich nicht mit der Behandlung psychischer Erkrankungen wie Depressionen, Angststörungen und Psychosen, sondern forscht über Faktoren, die glücklich machen. Der amerikanische Psychologe Martin Seligman gilt als Initiator dieser Richtung, weil er als Präsident der größten Psychologischen Vereinigung (American Psychological Association) in den 1990er Jahren die Positive Psychologie als wichtigstes Forschungsziel auf seine Agenda gesetzt hat. Die Positive Psychologie hat sich inzwischen weltweit verbreitet und findet in vielen Bereichen Anwendung wie beispielsweise in den Wirtschaftswissenschaften oder im Bereich des Coachings. Heute bieten auch viele Universitäten Positive Psychologie als Masterstudiengang an.

Set-Point-Theorie

Die Set-Point-Theorie in der Glücksforschung besagt, dass jeder Mensch einen bestimmten Zufriedenheitslevel hat, den man als Set-Point oder Glücksfixpunkt bezeichnet. Dieser Zufriedenheitslevel ist genetisch verankert. Bei besonderen freudigen und traurigen Ereignissen schlägt das Glücksempfinden nach oben oder unten aus. Man ist also besonders glücklich oder unglücklich. Doch nach einiger Zeit pendelt sich das Glücksgefühl wieder auf den individuellen Glückfixpunkt ein.

Der Set-Point spielt auch in anderen Themenbereichen wie Ernährungswissenschaft eine Rolle. So wird zum Beispiel diskutiert, ob das Körpergewicht genetisch festgelegt ist, auf das man trotz Diäten immer wieder zurückfällt.

Sozio-oekonomisches Panel (SOEP)

Das Deutsche Institut für Wirtschaftsforschung (DIW) stellt das Befragungsinstrument Sozio-oekonomisches Panel zur Verfügung. Es wird als Mitglied der Leibniz-Gemeinschaft vom Bundesministerium für Bildung und Forschung und den Ländern gefördert. Das Sozio-oekonomische Panel ist eine der größten und am längsten laufende Panelstudien weltweit. Seit 1984 werden jährlich ungefähr 30.000 Menschen in knapp 15.000 Haushalten über ihre Lebenssituation, Einstellungen und Werte befragt, unter anderem, wie zufrieden sie mit ihrem Leben sind. Die Gruppe der Befragten bildet die gesellschaftliche Bevölkerungsverteilung ab und ist repräsentativ. Durch die Langzeitstudie kann nicht nur der aktuelle Zufriedenheitszustand ermittelt werden, sondern auch, welchen Einfluss Lebensveränderungen auf die Zufriedenheit hat.

Subjektives Wohlbefinden

Das Subjektive Wohlbefinden (SWB, engl. *subjective well-being)* ist neben Glück bzw. Happiness der am häufigsten verwendete Begriff für Glücks- und Zufriedenheitsforschung. Im Gegensatz zum objektiven Wohlbefinden, das die Lebensqualität der Menschen erfasst, wird beim Subjektiven Wohlbefinden die persönliche Einschätzung der Lebenszufriedenheit von Menschen erforscht.

Tagesrekonstruktionsmethode

Die Tagesrekonstruktionsmethode (engl. *Day Reconstruction Method, DRM)* ist eine Forschungsmethode, die in der Glücksforschung angewendet wird. Die Teilnehmer:innen der Studie sollen den vorherigen Tag rekonstruieren. Sie erstellen einen detaillierten Tagebucheintrag, der nur als Hilfsmittel dient und den Forscher:innen nicht ausgehändigt werden muss. Anschließend beantworten sie auf einem Fragebogen engmaschig, was sie den Tag über gemacht haben, mit wem sie zusammen waren und wie sie sich dabei gefühlt haben.

Utilitarismus

Utilitarismus ist eine Theorie der Ethik und Sozialphilosophie, nach der eine Handlung bewertet wird. Die Bewertung zielt darauf ab, in welchem Maße eine Handlung dazu beiträgt, das Glück für die meisten Menschen zu fördern. Sie wird nicht an der inneren Gesinnung gemessen, sondern an den äußeren Folgen. Der Utilitarismus wurde von dem englischen Philosophen und Sozialreformer Jeremy Bentham Ende des 18. Jahrhunderts begründet und von dem englischen Politiker und Wirtschaftswissenschaftler John Stuart Mill weiterentwickelt.

40-Prozent-Regel

Die 40-Prozent-Regel besagt, dass 40 Prozent der Glücksfähigkeit in unserer Hand liegen, also machbar sind. 10 Prozent liegen an den äußeren Umständen und 50 Prozent sind genetisch bedingt. Diese Zahlen wurden von Sonja Lyubomirsky aufgestellt, aber andere Forschungen kommen zu ähnlichen Ergebnissen.

Wohlstandsparadox

Das Wohlstandsparadox wird auch als Easterlin-Paradox bezeichnet. Der Begriff geht auf eine Forschung des Wirtschaftswissenschaftlers Richard Easterlin zurück, der 1974 untersucht hat, welche Auswirkungen die Höhe des Einkommens auf das Wohlbefinden der Menschen hat. Er konnte zwar einen Zusammenhang zwischen Einkommen und Zufriedenheit feststellen, jedoch nur bis zu einer bestimmten Schwelle. Mit zunehmendem Wohlstand wächst nicht automatisch die Zufriedenheit. Der Vergleichsmaßstab ändert sich, wenn man wohlhabender wird. Das, was man erreicht hat, macht deshalb nur kurzfristig glücklich.

World Database of Happiness

Die *World Database of Happiness* ist eine Weltdatenbank, die der niederländische Glücksforscher Ruut Veenhoven von der Erasmus Universität Rotterdam aufgebaut hat. Auf dieser Datenbank werden weltweit Forschungsergebnisse über Subjektives Wohlbefinden gesammelt und dargestellt. Aktuell sind es über 40.000 Forschungsergebnisse. https://worlddatabaseofhappiness.eur.nl/

World Happiness Report

Der World Happiness Report ist ein jährlicher Bericht über die Zufriedenheitswerte weltweit. Die Idee, das Glück vieler Nationen zu messen, entstand bei der Generalversammlung der Vereinten Nationen 2011. Das Ziel war, die Politik auf die Bedürfnisse der Bevölkerung auszurichten. Die Ergebnisse der Zufriedenheitswerte werden in einer Rangliste dargestellt. In einem Bericht werden die Methoden und Ergebnisse erläutert.

Zufriedenheit

Zufriedenheit ist eine Form des Glücks, die am meisten in der Glücksforschung abgefragt wird. In Umfragen wird vor allem gefragt, wie zufrieden die Menschen ihr Leben insgesamt einschätzen. Zufriedenheit ist die kognitive Beurteilung der positiven und der negativen Aspekte des eigenen Lebens. Es ist die Frage, ob man das Glas als halbleer oder halbvoll betrachtet.

Verwendete Literatur

Alle im Buch verwendeten Links waren 27.2.2023 aktiv.

Backhaus, Anne (2015). In Glückskunde durchgefallen. In: Süddeutsche Zeitung, https://www.sueddeutsche.de/bildung/neues-unterrichtsfach-in-glueckskunde-durchgefallen-1.2774463-3

Becker, Dana und Marecek, Jeanne (2008). Dreaming the American Dream. Individualism and Positive Psychology. In: Social and Personality Psychology Compass, Bd. 2, Nr. 5, S. 1767-1780.

Bellebaum, Alfred und Herbers, Detlef (Hg.) (2006). Glücksangebote in der Alltagswelt. Münster: Aschendorff.

Bellebaum, Alfred (2010). Glück. Erscheinungsvielfalt und Bedeutungsreichtum. In: Alfred Bellebaum und Hettlage, Robert (Hg.): Glück hat viele Gesichter. Annäherungen an eine gekonnte Lebensführung. Wiesbaden: VS Verlag für Sozialwissenschaften, S. 31-56.

Ben-Shahar, Tal (2010). Glücklicher: Lebensfreude, Vergnügen und Sinn finden mit dem populärsten Dozenten an der Harvard University. Aus dem amerik. Engl. von Burkhard Hickisch. München: Goldmann.

Ben-Shahar, Tal (2013). Happiness 101 with Tal Ben-Shahar https://www.youtube.com/watch?v=OxsPl2WClHg&t=99s).

Binswanger, Mathias (2019). Die Tretmühlen des Glücks. Wir haben immer mehr und werden nicht glücklicher. Was können wir tun? Freiburg i.Br.: Herder, aktualisierte Neuausgabe.

Biswas-Diener, Robert und Dean, Ben (2007). Positive Psychology Coaching. Putting the Science of Happiness to work for Your Clients. Hoboken: John Wiley & Sons.

Biswas-Diener, Robert; Diener, Ed und Lyubchik, Nadezhda (2015). Wellbeing in Bhutan. In: International Journal of Wellbeing 5 (2), S. 1-13.

Bouzou, Nicolas und Funès de, Julia (2018). La comédie (in)humaine. Paris: Éditions de l'Observatoire.

Braun, Annegret (2013). Wie Frauen Glück erleben. Freiburg: Kreuz-Verlag.

Braun, Annegret (2018). „Alle Menschen wollen glücklich sein" – Glückssuche und Glücksangebote heute. In: Materialdienst. Zeitschrift für Religions- und Weltanschauungsfragen 81 (5), 163-171.

Braun, Annegret (2015). Die Suche nach Glück. Wie Menschen Glück erleben. In: Prosit Neujahr. Der Jahreswechsel und das Glück. Begleitheft zur gleichnamigen

Ausstellung vom 29.11.2015 bis 31.1.2016 im Schwäbischen Volkskundemuseum Oberschönenfeld. Oberschönenfeld.

Braun, Annegret (2007). Von der Machbarkeit des Glücks oder Was ist Glück? In: Kuckuck. Notizen zur Alltagskultur 22 (2), S. 30-34.

Brockhaus Enzyklopädie (1989). In 24 Bänden, 19., völlig neu bearbeitete Auflage, Band 8, Stichwort Glück, Mannheim: Brockhaus.

Brockmann, Hilke und Delhey, Jan (Hg.) (2013). Human Happiness and the Pursuit of Maximization. Is More Always Better? Series: Happiness Studies Book Series. Heidelberg, New York: Springer.

Brück von, Michael (2011). Glück im Buddhismus – Glück als Bewusstseinszustand. In: Thomä, Dieter; Henning, Christoph; Mitscherlich-Schönherr, Olivia (Hrsg.): Glück. Ein interdisziplinäres Handbuch. Stuttgart, Weimar: J.B. Metzler, S. 343-346.

Bühler, Charlotte (1971). Vorstellungen vom Glück in unterschiedlichen Altersgruppen in den Vereinigten Staaten. In: Herbert Kundler (Hg.): Anatomie des Glücks. Köln: Kiepenheuer, S. 99-117.

Cederström, Carl (2019). Die Phantasie vom Glück. Aus dem Englischen von Norbert Hofmann. Berlin: Tiamat

Creusen, Utho (2012). Positive Leadership. Mit positiven Emotionen den Unternehmenserfolg fördern. In: Karin Kaudelka und Gerhard Kilger (Hg.): Das Glück bei der Arbeit. Über Flow-Zustände, Arbeitszufriedenheit und das Schaffen attraktiver Arbeitsplätze. Bielefeld: transcript, S. 139-146.

Csikszentmihalyi, Mihaly (2017). Flow: Das Geheimnis des Glücks. Aus dem Amerikanischen von Annette Charpentier. Stuttgart: Klett-Cotta, 9. Auflage.

Deutsche Gesellschaft für Positive Psychologie DGPP https://www.dgpp-online.de

Deutsches Wörterbuch von Jacob Grimm und Wilhelm Grimm, digitalisierte Fassung im Wörterbuchnetz des Trier Center for Digital Humanities, Version 01/21, https://woerterbuchnetz.de/?sigle=DWB#0

Diener, Ed; Seligman, Martin E. P.; Choi, Hyewon und Oishi, Shigehiro (2018). Happiest people revisited. In: Perspectives on Psychological Science, 13 (2), S. 176-184.

Diener, Ed.; Oishi, Shigehiro und Tay, Louis (2018). Advances in subjective Well-being research. In: Nature Human Behavior. https://www.nature.com/articles/s41562-018-0307-6

Easterlin, Richard A. (1974). Does Economic Growth Improve the Human Lot? Some Empirical Evidence. In: Davie, P. A. und M.W. Reder (Hrsg.): Nations and Households in Economic Growth: Essays in Honour of Moses Abramovitz. New York and London: Academic Press, S. 89–125.

Ecclestone, Kathryn und Hayes, Dennis (2009). The Dangerous Rise of Therapeutic Education. London und New York: Routledge.

Ehlers, Swantje (Hg.) (2005). Märchen-Glück. Glücksentwürfe im Märchen. (Schriftenreihe Märchen-Stiftung Walter Kahn; 4). Baltmannsweiler: Schneider.

Ehrenreich, Barbara (2009). Smile or die. Wie die Ideologie des positiven Denkens die Welt verdummt. Aus dem Englischen von Gabriele Gockel und Barbara Steckhan. München: Kunstmann.

Emmons, Robert A. (2008). Vom Glück, dankbar zu sein. Eine Anleitung für den Alltag. Aus dem Englischen übersetzt von Nicole Hölsken. Frankfurt: Campus Verlag.

Ferriss, Abbott J. (2002). Religion and the Quality of Life. In Journal of Happiness Studies 3 (3), S. 199-215.

Fordyce, Michael W. (1983). A program to increase happiness. Further studies. Journal of Counseling Psychology 30, S. 483-498.

Förstl, Hans und Braunmiller, Helwi (2009). Glück, was ist das? Freiburg: Herder.

Fraberger, Georg (2014). Ein ziemlich gutes Leben. Salzburg: Ecowin.

Frankl, Victor E. (2018). Trotzdem Ja zum Leben sagen – Ein Psychologe erlebt das Konzentrationslager. 11. Aufl. München: Penguin Random House. (erstmals erschienen 1946)

Freitas, Donna (2017). The Happiness Effect. How Social Media Is Driving a Generation to Appear Perfect at Any Cost. New York: Oxford University Press.

Freud, Sigmund (1930). Das Unbehagen der Kultur. Wien: Internationaler psychoanalytischer Verlag.

Fritz-Schubert, Ernst (2009). Schulfach Glück. Wie ein neues Fach die Schule verändert. 4. Aufl. Freiburg: Herder.

Gabriel, Christina (1999). Meine Lebensgeschichte. Die autobiographische Lebensbeschreibung einer Dienstmagd, Näherin und Hebamme im Herzogtum Westfalen um das Jahr 1800. Dokumentation eines bewegten Frauenlebens mit zeitgeschichtlichen Hintergründen. Arnsberg: Verlag F.W. Becker.

Gilbert, Daniel (2008). Ins Glück stolpern: Suche Dein Glück nicht, dann findet es dich von selbst. Aus dem Englischen von Burkhard Hikisch. München: Goldmann.

Grillmayer, Johanna (31.05.2013). Happy Science: Utopia und die Suche nach dem Glück. ORF: https://web.archive.org/web/20180130020513/https://religion.orf.at/stories/2585572/

Gross National Happiness (GNH) Centre Bhutan: https://www.gnhcentrebhutan.org/history-of-gnh/

Grözinger, Karl Erich (2011). Glück im Judentum – Menschenbild als Ebenbild Gottes. In: Thomä, Dieter; Henning, Christoph; Mitscherlich-Schönherr, Olivia

(Hrsg.): Glück. Ein interdisziplinäres Handbuch. Stuttgart, Weimar: J.B. Metzler, S. 346-350.

Happiness Research Institut in Kopenhagen https://www.happinessresearchinstitute.com

Harmening, Dieter (2009). Wörterbuch des Aberglaubens. Stuttgart: Reclam.

Harvard Second Generation Study: https://www.adultdevelopmentstudy.org/grantandglueckstudy

Hearne Vicki undMarshall Thomas Elizabeth (2007). Animal Happiness: Moving Exploration of Animals and Their Emotions – From Cats and Dogs to Orangutans and Tortoises. New York: Skyhorse.

Helliwell, John F., Layard, Richard, Sachs, Jeffrey D., De Neve Jan-Emmanuel, Aknin, Lara B. und Wang, Shun (2023). World Happiness Report 2023, New York: Sustainable Development Solutions Network.

Hochschild, Arlie (2006). Das gekaufte Herz. Die Kommerzialisierung der Gefühle. Aus dem Amerikanischen übersetzt von Ernst von Kardorff. Frankfurt: Campus Bibliothek.

Hoyer, Timo (2007). Glück und Bildung. In: Ders. (Hg.) Vom Glück und glücklichen Leben. Sozial- und geisteswissenschaftliche Zugänge. Göttingen: Vandenhoeck & Ruprecht, S. 222-242.

Identity Foundation (Hg.) (2002). Glücksdefinitionen und –erfahrungen der Bevölkerung. Ergebnisse einer qualitativen und quantitativen Befragung. Eine Untersuchung des Instituts für Demoskopie Allenbach im Auftrag von Identity Foundation. Düsseldorf.

Illouz, Eva und Cabanas, Edgar (2019). Das Glücksdiktat und wie es unser Leben beherrscht. Aus dem Englischen von Michael Adrian. Berlin: Suhrkamp.

Jahoda, Marie; Lazarsfeld, Paul Felix; Zeisel, Hans (1975). Die Arbeitslosen von Marienthal. Ein soziographischer Versuch über die Wirkungen langdauernder Arbeitslosigkeit. Frankfurt am Main: Suhrkamp. (Erstveröffentlichung 1933)

Journal of Happiness Studies. An Interdisciplinary Forum of Subjective Well-Being https://www.springer.com/journal/10902

Kahneman, Daniel; Krueger Alan .B.; Schkade, David A.; Schwarz, Norbert und Stone, Arthur. A. (2004). A Survey Method for Characerizing Daily Life Experience: The Day Reconstruction Method (DRM). In Science 306, S. 1776-1780.

Kahneman, Daniel (1999). Objektive Happiness. In: Kahneman, Daniel; Diener, Ed und Schwarz, Norbert (Hg.): Well-Being: The Foundation of Hedonic Psychology. New York, Russel Sage, S. 3-25.

Kahneman, Daniel (2012). Schnelles Denken, Langsames Denken. Aus dem amerikanischen Englisch von Thorsten Schmidt. 21. Aufl. München: Penguin Random House.

Karmasin, Helene (2008). Kauf Dir ein Stück vom Glück. In: Beate Hentschel und Gisela Staupe (Hg.): Glück – Welches Glück? München: Hanser, S. 119-128.

Klein, Stefan (2007). Die Glücksformel oder Wie die guten Gefühle entstehen. Reinbek bei Hamburg: Rowohlt, 13. Auflage.

Layard, Richard (2005). Die glückliche Gesellschaft. Kurswechsel für Politik und Wirtschaft. Aus dem Englischen von Jürgen Neubauer. Frankfurt, New York: Campus.

Lomas, Tim und Ivtzan, Itai (2016). Second Wave Positive Psychology. Exploring the Positive-Negative Dialectics of Well-Being. In: Journal of Happiness Studies 17, (4), S. 1753-1768.

Lyubomirsky, Sonja (2008). Glücklich sein. Warum Sie es in der Hand haben, zufrieden zu leben. Aus dem Englischen von Dr. Norbert Neubauer. Frankfurt: Campus.

Mary, Michael (2003). Die Glückslüge. Vom Glauben an die Machbarkeit des Lebens. Bergisch Gladbach: Lübbe.

Mauss, Iris B.; Tamir, Maya; Anderson, Craig L.; Savino, Nicole S. (2011). Can seeking happiness make people unhappy? Paradoxical effects of valuing happiness. Emotion 11, S. 807-815.

Mayring, Philipp (2012). Zur Kritik der Positiven Psychologie. In: Psychologie und Gesellschaftskritik 36, (1), S. 45-61.

Mayring, Philipp (1991). Psychologie des Glücks. Stuttgart u. a.: Kohlhammer.

Mayring, Philipp und Rath, Norbert (2013). Glück – aber worin liegt es? Zu einer kritischen Theorie des Wohlbefindens. (Philosophie und Psychologie im Dialog, 13). Göttingen: Vandenhoeck & Ruprecht.

MDR DOK (2020). Was macht uns glücklich? Die Fragen nach dem Glück und dem Sinn des Lebens: https://www.bing.com/videos/search?q=Gl%c3%bccksforschung+Film&docid=608038876776517728&mid=37A4FBDBD61B06066CFA37A4FBDBD61B06066CFA&view=detail&FORM=VIRE

Meck, Sabine (2003). Vom guten Leben. Eine Geschichte des Glücks. Darmstadt: Primus.

Myers, David G. and Diener Ed (1996). The pursuit of happiness. Scientific American. May, Vol. 274, S. 54-56.

Nandy, Ashis (2013). Regimes of Narcissm – Regime of Despair. New Dehli: Oxford University Press.

o. A., (2014). Facebook manipulierte für Studie Nachrichtenstrom. In: Zeit online, https://www.zeit.de/digital/internet/2014-06/facebook-nutzer-manipulation-studie

Oelkers, Jürgen (2011). Glück in der Pädagogik. „Children, be happy"? In: Thomä, Dieter; Henning, Christoph; Mitscherlich-Schönherr, Olivia (Hrsg.): Glück. Ein interdisziplinäres Handbuch. Stuttgart, Weimar: J.B. Metzler, S. 428-433.

Oishi, Shigehiro (2002). The Experiencing and Remembering of Well-Being: A Cross-Cultural Analysis. In: Personality and Social Psychology Bulletin 28, S. 1398-1406.

Peterson, Christopher und Seligman, Martin E.P. (2004). Character Strength and Virtues. A Handbook and Classification. New York: Oxford University Press.

Prisching, Manfred (2006). Werbung. Glück ist käuflich. In: Bellebaum, Alfred; Herbers, Detlef (Hg.): Glücksangebote in der Alltagswelt. Münster: Aschendorff, S. 131-149.

Pothast, Ulrich (2008). Glück und Unverfügbarkeit. In: Heinrich Meier (Hg.): Über das Glück. Ein Symposium. München: Piper, S. 51-84.

Raff, Thomas (1999). Damit das Glück nicht herausfällt, oder: Wie herum hängt man ein Hufeisen auf? In: Daniel Drascek; Irene Götz; Tomislav Helebrant; Christoph Köck; Burkhart Lauterbach (Hg.): Erzählen über Orte und Zeiten. Eine Festschrift für Helge Gerndt und Klaus Roth. (Münchner Beiträge zur Volkskunde; Bd. 24). Münster u. a.: Waxmann, S. 325-343.

Raffelhüschen, Bernd (2022). SLK Glücksatlas 2022. München: Penguin.

Rath, Norbert (2008). Negative. Glück und seine Gegenbilder bei Adorno. Würzburg: Königshausen u. Neumann.

Retzer, Arnold (2010). Lob der Vernunftehe. Eine Streitschrift für mehr Realismus in der Liebe. Frankfurt am Main: S. Fischer.

Ruckriegel, Karlheinz; Niklewski, Günter, Haupt, Andreas (2014). Gesundes Führen mit Erkenntnissen der Glücksforschung. Freiburg: Haufe Verlag

Salamun, Kurt (Hg.) (2001). Was ist Philosophie? Neuere Texte zu ihrem Selbstverständnis. Tübingen: Mohr.

Smedley, Tim (2012). Can happiness be a good business strategy? In: The Guardian: https://www.theguardian.com/sustainable-business/happy-workforce-business-strategy-wellbeing

Schmid, Wilhelm (2007). Glück. Alles, was Sie darüber wissen müssen, und warum es nicht das Wichtigste im Leben ist. Frankfurt a. M. und Leipzig: Insel.

Schrage, Dominik (2011). Glück in der Soziologie des Konsums. Formen des Hedonismus. In: Thomä, Dieter; Henning, Christoph; Mitscherlich-Schönherr, Olivia (Hrsg.): Glück. Ein interdisziplinäres Handbuch. Stuttgart, Weimar: J.B. Metzler, S. 416-421.

Schröder, Martin (2020). Wann sind wir wirklich zufrieden? Überraschende Erkenntnisse zu Arbeit, Liebe, Kindern, Geld. München: C. Bertelsmann.

Schulze, Reinhard (2011). Glück im Islam – Das Glück der Sinne und das Glück der Spiritualität. In: Thomä, Dieter; Henning, Christoph; Mitscherlich-Schönherr, Olivia (Hrsg.): Glück. Ein interdisziplinäres Handbuch. Stuttgart, Weimar: J.B. Metzler, S. 357-361.

Schwartz, Barry (2014). Anleitung zur Unzufriedenheit: Warum weniger glücklicher macht. Berlin: Ullstein Taschenbuch, 4. Auflage.

Schwarz, Norbert (2008). Intuitive Annahmen über das glückliche Leben – und warum wir so wenig aus der Erfahrung lernen. Aus dem Amerikanischen von Wiebke Meier. In: Heinrich Meier (Hg.): Über das Glück. Ein Symposium. München: Piper, S. 85-117.

Seligman, Martin E.P. (2005). Der Glücks-Faktor: Warum Optimisten länger leben. Aus dem Amerikanischen übersetzt von Siegfried Brockert. Köln: Lübbe 16. Auflage.

Seligman, Martin E.P. (2015). Wie wir aufblühen. Die fünf Säulen des persönlichen Wohlbefindens. Aus dem Englischen übersetzt von Stephan Schuhmacher. München: Goldmann.

Stäuble, Mario (21./22.1.2023). Wie wird man glücklich? Ein Interview mit Robert Waldinger. In: Süddeutschen Zeitung, S. 51.

Suh, Eunkook, M.; Oishi, Shigehiro (2004). Culture and Subjective Well-Being – Introduction to the Special Issue. In: Journal of Happiness Studies 5, S. 219–222.

The Declaration of Independence. In: America's Founding Documents: https://www.archives.gov/founding-docs/declaration

Thomä, Dieter (2011): Glück, Revolution und revolutionäres Denken im 18. Jahrhundert. Philosophisch-politische Diskurse in den USA und Frankreich. In: Thomä, Dieter; Henning, Christoph; Mitscherlich-Schönherr, Olivia (Hrsg.): Glück. Ein interdisziplinäres Handbuch. Stuttgart, Weimar: J.B. Metzler, S. 172-182.

Thomä, Dieter (2003): Vom Glück in der Moderne. Frankfurt a. M. Suhrkamp.

Thomä, Dieter (2012). Jenseits von „Work-life-balance" und „Burn-out". Plädoyer für eine Rehabilitierung der Arbeit. In: Karin Kaudelka und Gerhard Kilger (Hg.): Das Glück bei der Arbeit. Über Flow-Zustände, Arbeitszufriedenheit und das Schaffen attraktiver Arbeitsplätze. Bielefeld: transcript, S. 21-33.

Uchida, Yukiko; Norasakkunkit, Vinai; Kitayama, Shinobu (2004). Cultural Constructions of Happiness – Theory and empirical Evidence. In: Journal of Happiness Studies 5, S. 223–239.

Utsch, Michael (2011). Negative Presse für die Positive Psychologie. Materialdienst der Evangelischen Zentralstelle für Weltanschauungsfragen 5, 181-183.

Veenhoven, Ruut (2011). Glück als subjektives Wohlbefinden. Lehren aus der empirischen Forschung. Aus dem Englischen übersetzt von Reiner Ansén. In: Thomä, Dieter; Henning, Christoph; Mitscherlich-Schönherr, Olivia (Hrsg.): Glück. Ein interdisziplinäres Handbuch. Stuttgart, Weimar: J.B. Metzler, S. 396 -403.

Wemelsfelder, Françoise (2011). Glück der Tiere. Lernen zu verstehen, wie Tiere sich ausdrücken. Aus dem Englischen übersetzt von Reiner Ansén. In: Thomä, Dieter; Henning, Christoph; Mitscherlich-Schönherr, Olivia (Hrsg.): Glück. Ein interdisziplinäres Handbuch. Stuttgart, Weimar: J.B. Metzler, S. 363-368.

Wesche, Tilo (2011). Glück bei Schopenhauer und Kierkegaard – Vom richtigen Umgang mit Negativität. In: Thomä, Dieter; Henning, Christoph; Mitscherlich-Schönherr, Olivia (Hrsg.): Glück. Ein interdisziplinäres Handbuch. Stuttgart, Weimar: J.B. Metzler, S. 205-210.

World Database of Happiness https://worlddatabaseofhappiness.eur.nl/

World Happiness Report 2022 https://worldhappiness.report/ed/2022

Your Better Life Index https://www.oecdbetterlifeindex.org/de/

Wo sich welches Stichwort befindet

Frag doch einfach!

Klare Antworten aus erster Hand

Die utb-Reihe „Frag doch einfach!" beantwortet Fragen, die sich nicht nur Studierende stellen. Im Frage-Antwort-Stil geben Expert:innen kundig Auskunft und verraten alles Wissenswerte rund um das Thema. Die wichtigsten Fachbegriffe stellen sie zudem prägnant vor und verraten, welche Websites, YouTube-Videos und Bücher das Wissen vertiefen.
So lässt sich leicht in ein Thema einsteigen und über den Tellerrand schauen.

Bisher sind erschienen:

Michael von Hauff
Nachhaltigkeit für Deutschland? Frag doch einfach!
2020, 190 Seiten
ISBN 978-3-8252-5435-3

Claudia Ossola-Haring
Ein Start-up gründen? Frag doch einfach!
2020, 238 Seiten
ISBN 978-3-8252-5436-0

Roman Simschek, Arie van Bennekum
Agilität? Frag doch einfach!
3. Auflage, 2023, 197 Seiten
ISBN 978-3-8252-6055-2

Martin Oppelt
Demokratie? Frag doch einfach!
2021, 202 Seiten
ISBN 978-3-8252-5446-9

Florian Kunze, Kilian Hampel, Sophia Zimmermann
Homeoffice und mobiles Arbeiten? Frag doch einfach!
2021, 190 Seiten
ISBN 978-3-8252-5664-7

Gerald Pilz
Mobilität im 21. Jahrhundert? Frag doch einfach!
2021, 230 Seiten
ISBN 978-3-8252-5662-3

Anke Brinkmann, Gabriele Dreilich, Christian Stadler
Virtuelle Teams führen? Frag doch einfach!
2022, 148 Seiten
ISBN 978-3-8252-5780-4

Andreas Koch
Armut? Frag doch einfach!
2022, 179 Seiten
ISBN 978-3-8252-5554-1

Barbara Schmidt
Angst? Frag doch einfach!
2022, 143 Seiten
ISBN 978-3-8252-5687-6

Fabian Kaiser, Arie van Bennekum
Scrum? Frag doch einfach!
2022, 134 Seiten
ISBN 978-3-8252-5974-7

Florian Spohr
Lobbyismus? Frag doch einfach!
2023, 199 Seiten
ISBN 978-3-8252-5688-3

Henrik Bispinck
Friedliche Revolution und Wiedervereinigung? Frag doch einfach!
2023, 185 Seiten
ISBN 978-3-8252-5445-2

Nassim Madjidian, Sara Wissmann
Seenotrettung? Frag doch einfach!
2023, 192 Seiten
ISBN 978-3-8252-6014-9

Arndt Sinn
Organisierte Kriminalität? Frag doch einfach!
2023, 204 Seiten
ISBN 978-3-8252-6100-9

Detlev Frick
Big Data? Frag doch einfach!
2023, 123 Seiten
ISBN 978-3-8252-5442-1